珍品·鉴拍

紫砂器

拍卖投资大指南

叶佩兰／顾问
陈润民／主编
赵友厚／执行主编

故宫出版社

编者序

金玉紫瓯 大成之器

宜兴，位于中国江苏省，太湖之滨，历史上曾有“阳羡”、“义兴”之称，早在新石器时代，这里便开始烧造原始粗陶，所以后世称之为“陶都”，与“瓷都”景德镇并驾齐驱。

对于紫砂器的发展衍进，有“始于宋，成于明，盛于清，繁荣于当代”的说法。基于羊角山的发掘，紫砂器的出现最早可追溯到北宋中期。宋代的紫砂虽然只是初创，但有赖于宜兴特殊的原材料和人文底蕴，使之延绵而成一套深厚的紫砂艺术体系。尤其在进入明清时期后，紫砂文化更是呈现多元化的发展姿态，紫砂器的题材、形制有了更为丰富的变化。

明代文震亨《长物志·茶壶茶盏》中有记载：“茶壶以砂者为上，盖既不夺香，又无熟汤气……夹锡茶替、青花白地诸俗式者，俱不可用。”言外之意，紫砂壶无论从审美欣赏还是儒家思想都广受推崇，它不上釉，纯以露胎示人，色泽古朴沉厚，巧妙地凝聚了中华传统文化的精神内涵，因而一时声名竟超越有着千年历史的名窑古瓷。据明末周高起记载：“至名手所作，一壶重不数两，价重每一二十金，能使土与黄金争价。”

紫砂工艺品类别甚多，以茗壶茶器为最，次之是花盆及文房。宜兴所独有的紫砂泥具有良好的成陶性能，加之工艺大师全手工拍打镶接，制作过程正契合了紫砂泥料特殊的分子结构，使其素质、素形、素色，不上彩，不施釉，朴实无华，浑然天成。另外融入书画、雕塑和篆刻等多项技艺，实为大成之器。

现代宜兴紫砂飞速发展，涌现了一大批紫砂艺术大师，如顾景舟、蒋蓉等人，他们继承传统，卓有创制，弘扬了紫砂文化，并以自己的一身技艺培育紫砂新秀，丰富紫砂创作天地。

从最近两年的艺术品拍卖成交情况来看，紫砂器依然备受收藏者和投资者青睐，在逐渐回暖的拍卖市场中紫砂收藏已成为新的生力军，艺术品市场中不但有专项收藏紫砂器的藏家，各拍卖公司也纷纷推出紫砂器专场拍卖，在这样的市场环境下，紫砂器价格逐年稳步攀升，可谓一枝独秀。除了流传有序的清代宫廷紫砂器和大师传世作品外，当代年轻一辈的紫砂艺术家作品也受到藏家追捧，其作品价格适中且有较大的上升空间。中国嘉德2013年春拍举行的“宝藏——宫廷·文人·名家·精品紫砂器”、“紫泥赏心——宜陶古器遗珍”、“紫泥春华——近现代紫砂臻品”三场紫砂专场，总成交额达到7248.68万元。其中“紫泥春华——近现代紫砂臻品”专场中，顾景舟、韩美林共同创作的“此乐提梁壶”以828万人民币高价成交，创该场拍卖最高成交价。除顾景舟、汪寅仙、周桂珍、何道洪等当代大师的作品竞拍激烈外，新秀陶艺家高振宇的创新作品“金鬲对壶”也创下253万元人民币的个人拍场最高纪录，备受瞩目。整场近现代紫砂臻品专场拍卖160件标的，总成交额4021.55万元，成交率达到78.75%。2013年6月4日举行的北京匡时2013年春拍“‘大器容珍’——古代及近代紫砂专场”中，共上拍125件各时代紫砂器，成交率达91.27%，成交额4019.71万元，其中有近10%的拍品以百万元以上的高价易主。

据专家分析，这些火爆的紫砂拍场反映出，紫砂收藏的文化内涵和投资价值已经得到了藏家的充分认可，紫砂收藏已经跃居为主流收藏。细分析开来，当前的紫砂收藏爱好者，无外乎两类人士，一类专以巩固投资为主要目的，因其资金雄厚，他们紧盯当前回报率高的热点拍品，注重的是艺术品本身是否豪华大气，是否出自名家大师之手；另一类是并不以经济实力见长的普通收藏群体，他们既注重艺术品的鉴赏，又关注其投资潜力，追求“低进高出”的市场效益。当然这就要考验收藏者的鉴赏能力是否高超了。无论是怀有何种心态的收藏者，对于紫砂艺术品的鉴定和审美都决定了他们是否能获得相应的市场回报。古玩收藏投资类图鉴书正是帮助他们掌握辨伪方法、提示投资方向的必备参考工具书。

纵观当前紫砂收藏图书市场，数量巨大，而观其内容，则有许多是滥竽充数。本书出版的初衷即为绕开当前传授“鉴定知识”的死胡同，以故宫博物院藏品为标准器，对比各大拍卖行标的紫砂器，从最客观、最权威、最实用的角度组编文图内容，在带给读者轻松阅读的同时，潜移默化地使读者对文物知识有更为深刻的领悟，拥有一双鉴宝的慧眼。

此外，普通有收藏癖好的读者，很少能有行内资深鉴定家掌眼，而本书从器物的挑选、排序都有文物专家严格把关，直接得到故宫博物院研究员叶佩兰女士的指导。故宫博物院古器物部陶瓷组副研究员陈润民先生在内容审核、文物图片选用方面亲自操刀。拍场第一线投资人赵友厚先生带来鲜活实时的市场资讯。在此对本书在编辑出版过程中提供帮助的人士，一并致以诚挚的谢意。

相信有众多专家的鼎力协作、辛劳付出，本书无论从专业程度还是阅读品质上都会带给读者耳目一新的感受。当然，论及古玩鉴定收藏，即使有权威资讯参照、专业理论导航，也还要注意修炼自身的感悟力，才能够时刻保持理性判断。

由于本书内容浩繁，工作量巨大，从上千幅紫砂图片中筛选出几百幅精品，实非易事，加之编辑周期又十分仓促，成书后难免会存在一定纰漏，还望读者朋友及业内人士多多提出宝贵意见，以使我们在以后的工作中逐步完善版本。

编者谨识

2013 年 9 月

目　录

故宫博物院藏
紫砂器精品目录

明代

清代

20 世纪

本书阅读导航

年代概述正文

本书为方便读者认知各时代紫砂风格衍变，经由故宫博物院专家撰写文章，论述权威，通俗易懂。

顺治至乾隆年间

（1）造型与装饰

在造型上，清初紫砂几何形器盛极一时，筋纹形器和自然器相融合，而后随着写生技巧的成熟，又被自然形体所取代。自然形体大多为精致入微的佳作，开创了清代宜兴紫砂秀丽典雅的壶艺风格。专供宫廷、皇家享用的精雕细琢的宫廷壶大量涌现。

紫砂壶的装饰手法多种多样，在继承明代遗风的基础上，又有泥绘、浮雕、加彩、珐琅彩、磨光等工艺手法。各种彩釉装饰悉数登场，使得紫砂器富丽华贵、光彩夺目。

康熙时期，在紫砂胎上画珐琅成为风尚，以花卉为主，如月季、菊花、彩桃、牡丹、葵花等，此外有吉祥寓意的龙、凤、云彩图案也较为常见。雍正时期，彩绘图以牡丹最为常见，花蕊、叶纹，壶流口、颈口处、壶底边均勾有金粉。乾隆时期，贴花、堆雕等装饰手法较为常见，宫廷紫砂也常用此装饰法，整壶显得吉祥华丽，异常耀眼。

多种工艺手法的运用，使得清初的紫砂精品泥质细腻，色泽温润，完全不见粗糙的土砂气，较明代有了质的飞跃。

（2）泥料

康熙时期，随着泥料澄炼工艺的提高，紫砂细泥出现，紫砂胎骨坚硬，色泽光润而柔和；红泥所制胎骨，质地不如同时期紫砂坚硬，但透明度相同；白泥所制胎骨，质地与同时期紫砂一样坚硬，只是透明度略逊一筹。

雍正、乾隆时期，紫砂胎骨仍然很坚硬，但色泽温润度和透明度已逊于康熙年间；红泥所制胎骨，松而不结，色枯无光泽；白泥所制胎骨，质地与透明度都与康熙年间相仿。

拍品紫砂器品名

书中采用的拍品紫砂器品名中包含了款识、用料、纹饰等要素。让读者瞬间精准掌握紫砂器拍品的主要信息。

拍卖机构信息

书中所有拍品均标明拍卖机构，让读者能以最为直接与迅捷的方式了解拍品的其他信息，让投资更为简单。

拍品编号

本书为便于读者使用索引进行查阅，标注了每件拍品的拍品编号，读者可在索引中迅捷地查找到相关拍品的年代、拍卖时间、成交价、拍卖行等要素及该图所在页码。

拍品鉴赏图

本书全彩印制，图片精美，对重要拍品（如高成交价的，或具有标准器特质的拍品）予以了全页印刷，以力求让读者在获得更多拍品信息的同时，对重要拍品进行鉴赏，评析。

拍品年代信息

书中对每件拍品紫砂器的年代进行分类，以便于读者阅读和鉴赏。

紫砂器拍品鉴赏

015

紫泥粉彩描金花鸟纹笠帽壶　清　雍正

拍品尺寸：宽 20.5 厘米

拍卖机构：中国嘉德

拍品编号：2182

拍卖时间：2010-11-21

成交价：RMB 896,000

此壶泥质细润，色泽深褐，雄浑壮硕，气度不凡。高身壶体折肩平顺，圆转周正，笠帽形壶盖板沿宽厚，与高颈壶口密合，壶流粗壮上翘，流口宽大，壶把扣于壶身，制作工艺精湛。

拍品紫砂器尺寸

书中对拍品紫砂器的尺寸进行了标示，以便读者了解其器形大小。

拍卖时间

本书对收录的拍品紫砂器的拍卖年份予以标注，旨在让读者对当今紫砂器拍卖的时间与成交价间的微妙关系有所了解。

成交价位信息

书中所有拍品成交价均来自拍卖行官方权威数据，部分中国港、澳、台地区和英国、美国等国家的成交价，均按照成交当天汇率换算为人民币（RMB），以让读者对成交价位有最为精准的了解，让读者及热爱紫砂器的艺术品投资者灵敏掌握市场信息。

明代

明代紫砂壶制作业极为兴盛，明周高起的《阳羡茗壶系》记载了这一历史时期涌现出许多制壶名家，且他们传世的作品都被誉为神品。其中最有声望的是供春，与董翰、赵梁、元畅并称“四家”，又有“三大”（时大彬、李仲芳、徐友泉）之说。晚明人时大彬为当时“三大”之一，同时也是被后世尊为明代紫砂壶的重点名匠，他凭借自己高超的制壶技艺，改进了“断木为模”的成型制法，掀起了紫砂工艺的大发展，同时栽培出许多制壶名手。

正德年间

（1）造型装饰

这一时期为紫砂的初创期，紫砂造型单一，大多是容量较大的圆形壶器。但供春所制的茗壶，款式有所增加，如“龙蛋”、“龙带”、“印方”、“刻角印方”、“六角宫灯”、“六瓣圆囊”等，至今仍为后人所津津乐道的则是他创制的“树瘿壶”。

（2）泥料

这一时期制壶所用泥料大多为原矿粗砂，颜色为紫褐色与灰褐色，胎体与缸体相似，手感较沉重、粗糙。

（3）款识

金沙寺僧创制的壶，由于只是供一时之用，而没有想借此留名，所以并未在壶上刻下名款。供春则开始在壶上署名。

（4）紫砂名家

金沙寺僧

明正德年间金沙寺的一名和尚，确切姓名不详。据周高起《阳羡茗壶系·创始篇》记载：“金沙寺僧逸其名，闻之陶家云：僧闲静有致，习与陶缸瓮者处，搏其细土，加以澄炼，捏筑为胎，规而圆之，刳使中空，踵傅口柄盖的，附陶穴烧成，人遂传用。”由于此人的紫砂作品并未署名，所以人们无法识辨，但自供春从他这里学到制壶本领后，其人便开始流传。

供春

供春，又称龚春，最初为宜兴地区进士吴颐山的一位书童。正德年间，吴颐山为了参加科举考试，在金沙寺闭门读书，供春一直跟随在身旁。

在此期间，供春常看到寺僧制壶，就利用闲暇时间悄悄向其学习制壶艺术。由于刻苦练习，壶艺迅速增进。相传他仿照金沙寺旁大银杏树的树瘤的形状做了一把壶，并在上面刻上了树瘤的花纹，古朴可爱。由于身份的原因，供春与读书人交往甚深，这把树瘤壶很快就在读书人中传开了，大家称其为“供春壶”。

总体来看，供春制作的紫砂壶造型俊俏，逐渐成为后世的楷模。供春其人也为紫砂壶制作的专业化、艺术化做出了贡献。

嘉靖、隆庆年间

（1）造型装饰

这一时期的紫砂壶造型逐渐改变初期圆而大的风格，向小型精巧化方向发展。新的壶式造型不断涌现，如菱花式、花瓣式、提梁式等，开创了壶艺史上筋纹器的先河。在装饰上，由于众多嗜好饮茶的文人雅士参与设计制作，所以紫砂壶的艺术性较以前有所提高，但总体风格仍以古拙朴实为主。

（2）泥料

随着紫砂壶的不断生产，制壶艺人对紫砂泥料的特性也渐渐熟悉起来，所以在选配泥料时十分讲究，其手感和胎质都优于初创期。

（3）款识

这一时期紫砂壶有印款，字体为楷书，大多是用竹片刻上去的。

（4）紫砂名家

董翰

董翰，字后溪，嘉靖年间制壶能手。其作品精致文巧，改变了紫砂初创期古朴的风格，颇有大家风范。“葵花式砂壶”就是由他最早创立的，在紫砂发展史上留下了浓墨重彩的一笔。

赵梁

赵梁，宜兴制壶高手，首创了提梁式紫砂壶，以古拙朴实见长。民国李景康、张虹《阳羡砂壶图考·创始》：“阳羡壶之作提梁式者，或以赵梁为鼻祖。后之提梁式有硬耳、软耳两种。其制作精美者，硬耳多见，软耳较罕也。”

时朋

时朋，一作朋朋，又作时鹏，宜兴制壶能手，明代制壶大师时大彬的父亲。其作品风格古拙，与董翰、赵梁、元畅号称明代制壶“四名家”。明周高起《阳羡茗壶系·正始》：“时朋，即时大彬父，是为四名家。”

时朋的紫砂作品“水仙花六瓣方壶”，现藏于香港茶具文物馆。此壶底部有“时朋”名款，字体为楷体。

元畅

元畅，宜兴制壶高手。关于此人的姓氏，各种史料记载不一。明周高起《阳羡茗壶系》和吴骞《阳羡茗陶录》中皆作“元畅”，而陈贞慧《秋园杂佩》中作“袁畅”。

此人制壶，风格古拙，只是其作品没有传器款章，也没有著录，所以不知详情。

李茂林

李茂林，即李养心，宜兴制壶高手。此人擅长制作小圆式壶，人们称其为“名玩”，其风格朴实，但又不失妍丽之态。

李茂林最大的贡献是改变了紫砂器自创始以来的成型工艺。原先的壶坯不用匣体封闭，直接附入缸窑烧造，所制砂壶往往沾有缸坛釉泪。李茂林首次将匣钵套装壶入窑，这样烧成后的壶色泽光润，消除了裸胎露烧产生的瑕疵，大大提高了砂壶烧制的质量。

世人对李茂林皆评价极高，明陈贞慧《秋园杂佩》：“养心之壶艺在时大彬之上，为供春劲敌。传世作品极少。”民国李景康、张虹《阳羡砂壶图考·创始》：“自正德以递万历，所制多大壶，李茂林始制小圆式，实为阳羡小壶之鼻祖。”他的紫砂作品“菊花八瓣壶”，现藏于香港茶具文物馆。

万历年间

（1）造型装饰

这一时期首创几何形壶式，以四方、六方、八方等线面挺括方正的方器和珠圆玉润的圆器较为常见，线条的圆曲方直被应用得淋漓尽致。茗壶造型多种多样，如菊花、圆珠、莲房、僧帽、汉方、梅花、竹节等。

在装饰上，万历年间的紫砂壶大体以素面素心为潮流，绘画装饰较少，只有少部分在器盖上有贴花装饰。另外，这一时期的紫砂大家时大彬开创了一种新的装饰手法，即在泥料中掺入砂土。这种调砂工艺成就了紫砂器自然天成的装饰风格，鉴赏家称之为“银砂闪点”，十分夺目。

（2）泥料

注重精选纯净泥料，讲究砂泥原料色泽的调配。当时艺人们已经掌握了运用天然泥料配色的方法，如用天青和石黄混合，烧后可得浅绿的古色；用梨皮泥和白泥混合，烧后可得淡墨色。

（3）款识

作者的名款大多是制壶人采用陶刻的方式用竹笔或钢刀铭刻在壶底，字体大多为楷体。

（4）紫砂名家

时大彬

时大彬，号少山，“四大家”时朋之子，明代制壶高手，紫砂史上享誉古今的名家。

时大彬早期制壶，大多模仿供春样式，作品多为大壶，风格以朴雅坚致见长。后来，在外出云游中接触了很多嗜好饮茶的文人雅士，从中颇受启发。云游回来后，他便依据当时人们的饮茶风尚，开始创制造型偏小的壶。这些小壶大多小巧别致，又有古朴雅致之风，深受人们赞誉。

他创制的紫砂壶造型多样，至今仍为人们所熟知的有圆壶、执壶、提梁、僧帽、六方、八角、方扁、瓜棱、玉兰、合葵、龙带等几十种。后人将他的作品称为“时壶”。

时大彬生前广收门徒，如徐友泉、李仲芳、欧正存、邵文金、邵文银、陈用卿、蒋时英等人都曾是他的门生。他们当中的很多人后来也纷纷成为紫砂制作高手。

徐友泉

徐友泉，名士衡，万历年间制壶高手。他的父亲十分喜爱制壶大师时大彬的紫砂作品，并与其交往密切。徐友泉自幼就拜时大彬为师，一心学习壶艺。

在选配泥料时，他注重泥色的多样性，其作品设计巧妙，以古朴风雅见长，为世人崇尚。吴梅鼎在《茗壶赋》称赞他的壶艺说："综古今，极变化，技近乎道，集斯艺之成。"

徐友泉创制紫砂时，常在造型上下工夫。其作品有汉方、扁觯、蕉叶、莲方、菱花、鹅蛋、分裆、索耳、美人睡莲、大顶莲一回角、六子等多种样式。

李仲芳

李仲芳，制壶高手李茂林之子，时大彬的徒弟。从小耳濡目染，造诣很深，再加上勤奋学习，壶艺增进很快。其作品文巧精致，技艺高超。《阳羡茗壶系》记："今世传大彬壶，亦有仲芳作之。"代表作菊瓣壶，现藏于美国弗里尔艺术馆。此外，仲芳梨皮泥壶、圆扁壶也是其享誉古今之作。

天启、崇祯年间

（1）造型装饰

这一时期的紫砂以小壶居多，壶式千姿百态，出现了许多超越前人的茗壶精品。紫砂的实用功能增强，但也出现了佛像、动物等摆件。

紫砂整体的装饰风格仍以古朴、典雅、大气见长，有部分制壶艺人开始将铭文刻于壶身，增加了作品的文气。

（2）泥料

泥料的色彩较早期丰富，陈用卿等制壶名家在配泥之法上颇有造诣。

（3）款识

壶器盛行铭刻、署款，制壶名手都讲究书法，并出现专门替壶工代镌名款的人。明末陈用卿以后，出现了少量在壶底内盖篆体印章的茗壶。

（4）紫砂名家

陈用卿

陈用卿是这一时期声誉最高的制壶能手，此人性格耿直，曾因得罪官绅而下狱。他擅长制作大壶，作品丰满自然，浑成醇厚。吴梅鼎赞誉其艺术水平仅次于时大彬。其作品器形多样，如莲子、钵盂、圆珠等，皆自然圆正，且不失妍丽之态。其代表作“金钱如意纹紫砂圆壶”，现藏于香港茶具文物馆。

陈仲美

陈仲美，江西人，本在景德镇制作仿古窑器，后前往宜兴改做紫砂。他在创作紫砂时，往往别出心裁，所制茗壶，常摹状花果，并以草虫作为点缀，颇有一番特色。除了制作茗壶之外，他还创作了很多文房雅玩，皆鬼斧神工，技艺精到，为扩充紫砂陶的制作范围做出了一定的贡献。

此外，陈仲美还是一名雕塑高手。他将瓷雕艺术引入紫砂壶艺，大大提高了紫砂器的美学艺术价值。

他的代表作品有“束竹柴圆壶”，壶底有“陈仲美”楷书刻款。

惠孟臣

惠孟臣，宜兴人，明末制壶能手。他的作品，大壶有浑朴之风，小壶有精妙之艺。他创作的小壶，被后人称为“孟臣壶”。因孟臣壶特别适合冲泡功夫茶，所以在南国颇受欢迎。

在紫砂创作实践中，他善于配置多种调砂泥，如白砂、朱砂、紫砂。手法洗练，节奏感强，壶的流嘴刚直劲拔，与众不同。其作品造型多样，有圆形、扁形、高身、平肩、梨形、扇形等，特别是他创制的梨形壶在业内影响颇深。

宜兴窑紫砂雕漆提梁壶（残） 明

高 12 厘米

口径 4.7 厘米

足径 5.4 厘米

故宫博物院

● 直口，溜肩，腹下渐收，浅圈足，提梁式。圆盖，宝珠钮。肩两侧有对称高提梁断痕。栗红色砂泥极细润。

● 壶身有少量红色雕漆残留。从造型和雕漆工艺上分析，其制作年代应为明万历时期。

宜兴窑时大彬款紫砂雕漆四方壶

明

高 13.2 厘米

口径 7.6 厘米

故宫博物院

● 紫砂内胎，圆口，方身，曲流，环柄，下承四折角条形足。器身虽为方形，但棱线自上而下微有弧度，方中有圆，设计精妙。紫砂壶外通体髹十几层红漆，四面开光内雕刻不同的锦地花纹，正面饰松阴品茶图，背面饰高士对谈图。左右两面有杂宝花卉图案。流和柄均饰飞鹤流云纹。底髹黑漆，漆下隐约可见“时大彬造”四字竖刻楷书款。

OOI

时大彬制圈钮壶　明

拍品尺寸：宽 12.8 厘米

拍卖机构：西泠拍卖

拍品编号：2988

拍卖时间：2010-12-14

成交价：RMB 13,440,000

002

陈用卿款美人肩壶　明

拍品尺寸：长 25.5 厘米

拍卖机构：北京保利

拍品编号：3143

拍卖时间：2010-08-02

成交价：RMB 2,128,000

003

蒋觐侯朱泥六方壶　明

拍品尺寸：长 13.3 厘米
拍卖机构：长风拍卖
拍品编号：0115
拍卖时间：2011-06-21
成交价：RMB 6,670,000

壶身乃六片镶接而成，壶盖也为六边，流、把亦化圆为方，钮、盖、把、流、身、底全部线条均衡，棱角分明。泥料精心调配，为朱红撒金，泥质中掺有砂粒，内含黄金点状之砂，色彩丰富，颇见功力，赏心悦目。

004

大彬款绞胎施釉弥勒佛　明

拍品尺寸：宽 9 厘米

拍卖机构：中国嘉德

拍品编号：3258

拍卖时间：2011-05-21

成交价：RMB 6,900,000

清代

清代宜兴陶业进入全盛时期，紫砂壶制作工艺也得到了全面的发展，并进入了繁盛时期。尤其清代紫砂在装饰艺术上可谓登上了艺术巅峰，为后世难继。同时在各个手工工场，制壶工种也开始有了较细划分，表明紫砂壶制作技艺逐渐完善，形成体系。乃至于清末丁蜀一带出现了“家家做坯，户户务陶”的繁荣景象。总体上说，清代紫砂在选料、配色、造型、烧制、题材、纹饰、工具等方面都已超过了明代。

顺治至乾隆年间

（1）造型与装饰

在造型上，清初紫砂几何形器盛极一时，筋纹形器和自然器相融合，而后随着写生技巧的成熟，又被自然形体所取代。自然形体大多为精致入微的佳作，开创了清代宜兴紫砂秀丽典雅的壶艺风格。专供宫廷、皇家享用的精雕细琢的宫廷壶大量涌现。

紫砂壶的装饰手法多种多样，在继承明代遗风的基础上，又有泥绘、浮雕、加彩、珐琅彩、磨光等工艺手法。各种彩釉装饰悉数登场，使得紫砂器富丽华贵、光彩夺目。

康熙时期，在紫砂胎上画珐琅成为风尚，以花卉为主，如月季、菊花、彩桃、牡丹、葵花等，此外有吉祥寓意的龙、凤、云彩图案也较为常见。雍正时期，彩绘图以牡丹最为常见，花蕊、叶纹，壶流口、颈口处、壶底边均勾有金粉。乾隆时期，贴花、堆雕等装饰手法较为常见，宫廷紫砂也常用此装饰法，整壶显得吉祥华丽，异常耀眼。

多种工艺手法的运用，使得清初的紫砂精品泥质细腻，色泽温润，完全不见粗糙的土砂气，较明代有了质的飞跃。

（2）泥料

康熙时期，随着泥料澄炼工艺的提高，紫砂细泥出现，紫砂胎骨坚硬，色泽光润而柔和；红泥所制胎骨，质地不如同时期紫砂坚硬，但透明度相同；白泥所制胎骨，质地与同时期紫砂一样坚硬，只是透明度略逊一筹。

雍正、乾隆时期，紫砂胎骨仍然很坚硬，但色泽温润度和透明度已逊于康熙年间；红泥所制胎骨，松而不结，色枯无光泽；白泥所制胎骨，质地与透明度都与康熙年间相仿。

（3）款识

顺治至乾隆年间紫砂壶底及壶盖内刻有图章形式的制壶艺人名款，但也有刻诗词并留年款的。这一时期，印章款识出现，但仍有一部分制壶艺人用刀刻划题款，同时并用印章。宫廷紫砂大多在壶底刻有帝王年号，如康熙时期，紫砂壶底刻有珐琅彩题写的“康熙御制”楷书字样。乾隆时期，款识大多为本朝年号，并刻有皇帝亲自题写的诗词，但也有部分个人款识。

（4）紫砂名家

这一时期的紫砂大家当数陈鸣远功绩最为卓著。陈鸣远生于康熙、雍正时期，号壶隐。他技巧精湛，善于创新，与时大彬齐名，享有“宫中艳说大彬壶，海外竞争鸣远碟”的美誉。现代著名宜兴紫砂陶艺家顾景舟先生评价说：“我从事砂艺六十年，明末清初最杰出的砂艺家当首推陈鸣远。”可见其地位之高、影响力之大。

总体来看，陈鸣远在紫砂上的成就和贡献主要表现在以下三个方面：

第一，在造型设计上，陈鸣远打破明代几何器形和筋纹器形的局限，开创了自然形体，即模拟自然形态塑成壶身。在他的创作下，自然界的一草一木、一菜一果、一鸟一兽，都可以成为创制的题材。他以自然为本，适当运用夸张的手法，创制出了一系列生动活泼、富于美感的精品佳作。这些作品的雕塑、装饰、款识、书法，雅健俊美，颇有晋唐风格，堪称一绝，几乎无人能够超越。

第二，除了传统的壶、杯、瓶、盒以外，陈鸣远还创制出了很多文房雅玩，如笔架、笔筒等，大大扩充了紫砂的艺术品类。这些文房雅玩，各个精巧别致，造型逼真，具有线条清晰流畅、轮廓明晰润朗的特征，既可当作文房器具，又是难得一见的艺术佳品。此外，他还借助紫砂材料的质地和颜色，创制出了一批栩栩如生的仿真果品，如蘑菇、胡桃、板栗、花生、菱角、藕、荸荠、扁豆等，可谓独具匠心。

第三，陈鸣远与文人密切合作，在紫砂陶壶的制作工艺中巧妙地引入了中国传统诗词书画的装饰艺术，使其更显清新自然，技艺独到。时人在使用紫砂器具时，将壶艺和茶趣融为一体，也更增添了兴致和情趣。以此来说，在提高紫砂壶的艺术价值和文化内涵方面，陈鸣远功不可没。

嘉庆年间

（1）造型与装饰

这一时期文人开始参与制作紫砂壶，使得紫砂壶的造型与装饰都发生了新的变化，文人趣味更加浓厚。这是清代紫砂壶艺突出的时代特征，并渐趋成为清代壶艺的主流。一件紫砂壶的制作，可交替运用书法、诗画、篆刻、雕塑、镂空、镶嵌、泥绘、彩釉、绞泥、掺砂、磨光等技法。不同的器具，技法也有差别，可谓变化丰富，技艺独到。

文人参与制壶，意义重大。在此风尚之下，一大批具有文学意义的壶铭创制出来，提高了其文化价值；将诗画、书法、篆刻等手法引入紫砂壶的装饰艺术中，提高了其艺术价值；各式各样的新壶式不断涌现出来，丰富了其造型艺术。

（2）泥料

紫砂胎质仍很坚硬，可与清初相媲美，色泽温润，但透明度已大不如前；红泥所制胎骨，质地坚硬程度优于清初，色泽仍然温润，只透明度稍逊一筹；白泥所制胎骨，质地仍然能与清初相媲美，还是温润透明度不及清初。

（3）款识

题款成为此时风尚，即在壶底、壶盖、壶身留下定制者、制作者、刻书画铭文者的名款。字体以楷书为主，此外小篆、隶书、行书、草书也较为常见，且字迹较以前清晰。宜兴紫砂壶“字依壶传，壶依字贵”由此兴盛起来。

（4）紫砂名家

陈曼生和杨彭年

嘉庆时期知县陈曼生是这一时期的制壶名家。此人精于书法、绘画、篆刻，是著名的“西泠八家”之一。他独创了“曼生十八式”，即手绘 18 种壶式，如石铫横云、井栏、合欢、却月、半瓦、方山、瓜形、覆斗等。陈曼生虽为官多年，但骨子里仍回荡着自然脱俗的心性气度。这使得他的紫砂作品多了一些简约自然、古朴清雅之气。

与陈曼生同时期的紫砂大家还有杨彭年。他在创制紫砂壶时，不用模子，随手捏成，有天然之致，富有大家风范，被誉为“当世杰作”。陈曼生常与其配合制壶，一人设计，一人制作，再由陈曼生及其诸友题字刻铭，其作品称为“曼生壶”。曼生壶是紫砂壶成为高雅陶艺作品的标志。

总体来看，曼生壶对后世的影响主要表现在以下两个方面：

第一，造型多样，“曼生十八式”即为明证。这些造型壶面开阔，给篆刻艺术留下了极大的创作空间。

第二，篆刻装饰手法的创新，从曼生壶上可以欣赏到铭文书法、金石艺术，感受中国传统文化诗书画融为一体的风韵魅力。

杨凤年

杨彭年的妹妹杨凤年，也是嘉庆年间的制壶名匠。她的作品构思巧妙，浮雕精美，堪称佳作。传世作品较多，如竹段壶（现藏于宜兴文物陈列室），壶体俨然毛竹段，嘴部以竹板、竹叶做装饰，比例均匀，疏密有度，工艺精湛，为壶中佳品。

邵大亨

此人为宜兴一带的制壶高手，年少成名，为人刚直，情趣闲逸，其作品风格浑厚，技艺精到，深受人们喜爱。顾景舟在《宜兴紫砂珍赏·紫砂陶史概论》中对其进行了高度评价："他精彩绝伦的传器，理趣、美感盎然，从艺者观之赏之，如醍醐灌顶，沁人心目；藏玩者得之爱之，珍于拱璧，不忍释手。他一改清代宫廷化繁缛靠弱之态，重新强化了砂艺质朴典雅的大度气质；既讲究形式上的完整，功能上的适用，又表现出技巧的深刻，成为陈鸣远之后的一代宗将。"

邵大亨的典型代表作为鱼化龙壶，也被称为"龙壶"、"鱼龙壶"、"鱼龙戏浪壶"，暗含着飞黄腾达、平步青云的人生理想。该作品灵巧可爱，盖上龙头能活动，龙舌也可伸缩自如，可谓匠心独具，堪称佳品。后世很多紫砂艺人都曾模仿，但造型、气韵都无法与邵氏之作相比。

道光、咸丰年间

（1）造型与装饰

这一时期紫砂壶形和装饰更加变化多端，姿态多样，如提梁壶（也称"东坡壶"）、石榴多子壶等。道光年间，"锡包法"风行一时，这是一种独特的装饰艺术，即在紫砂茶壶上包裹一层锡皮。但因此法有损砂艺本色，所以后代逐渐废弃不用。

此外，这时紫砂工艺趋向简单化，壶的样式多取材于自然瓜类，线条虽然非常简单，但却十分精巧。

（2）泥料

紫砂胎骨仍很坚硬，但色泽枯燥，尚未脱砂土之气；红泥所制胎骨，质地、色泽最差；白泥所制胎骨，质地与清中期相同，但色泽枯燥，尚未脱砂土之气。

（3）款识

在书体上，以小篆为主，壶盖内、壶底有制壶人的名款，此外还可常见带有“回”纹、“工”字纹等花边印。

（4）紫砂名家

黄玉麟

黄玉麟在创制紫砂时，十分讲究选泥，“每制一壶，必精心构选，积日月而成，非其重价弗予，虽屡空而改其度”。其作品光洁莹润，精巧别致，且不失古意。此外，黄玉麟还将古代铜器和陶器的艺术特色引入紫砂创作中，使其制壶技艺更加精湛、独到。

宜兴窑陈子畦款海棠式盖缸　清初

高 10 厘米

口径 16.7 × 12.5 厘米

底径 12 × 8 厘米

故宫博物院

● 六瓣海棠式，深栗子色砂泥，四海棠式足。盖钮和两把手呈松树老根状，口沿与足边凸起弦线装饰，足墙刻四螭龙，两两相视，作奔跑状。底有楷书“陈子畦制”印章款。

005

春水堂款朱泥梨皮高瓢壶　清初

拍品尺寸：长 14 厘米

拍卖机构：北京匡时

拍品编号：542

拍卖时间：2010-12-05

成交价：RMB 1,008,000

006

朱泥贴花五瓣莲花壶　清初

拍品尺寸：宽 14 厘米
拍卖机构：中国嘉德
拍品编号：3239
拍卖时间：2011-05-21
成交价：RMB 112,700

朱泥材质，壶身呈五瓣莲花形，两侧贴饰牡丹纹，有明末清初纹饰特征。一弯流外撇，流口宽大，圆把环扣，平盖圆柱钮贴饰宝物纹。外销朱泥器，一般装饰烦琐，器形奇特，而且此壶表现得简洁素雅，颇有佛教装饰风格，亦属外销壶中稀见之品。

007

斑竹束竹壶　清初

拍品尺寸：长 19 厘米　高 12 厘米
拍卖机构：北京匡时
拍品编号：3038
拍卖时间：2012-12-07
成交价：RMB 345,000

著录来源：《紫砂器——故宫博物馆藏文物珍品大系》第 27 页，上海世纪出版股份有限公司、上海科学技术出版社，2008 年 1 月。

此壶为一捆竹造型，以泥绘法仿斑竹自然斑点，壶钮、壶流及壶把均仿湘妃竹，意蕴悠远，耐人品位。

008

贴花提梁壶　清初

拍品尺寸：长 12 厘米　容积 175 毫升

拍卖机构：北京匡时

拍品编号：2209

拍卖时间：2011-6-07

成交价：RMB 172,500

009

朱元熙制汉方壶　清初

拍品尺寸：宽 22.5 厘米
拍卖机构：北京保利
拍品编号：4310
拍卖时间：2011-12-06
成交价：RMB 74,750

此件汉方壶所用泥料上乘，工艺卓绝，通体内外如一，协调大度。汉方壶方口方唇，壶盖窑压壶口，契合紧密，内部上隆，中心提钮作桥梁式，壶身短颈折肩，弧腹，平底，流嘴前端上翘前伸，下部四分之三平贴壶身，后设执把近呈半圆形，线条简练，方中寓圆，与壶身风格统一。汉方壶整体造型阳刚大气，壶身外壁未作纹饰，素朴典雅。

010

清德堂款炉钧釉汉方壶　清初

拍品尺寸：长 19 厘米
拍卖机构：北京匡时
拍品编号：540
拍卖时间：2010-12-05
成交价：RMB 392,000

器呈方钟形，敛口，短颈，直腹微侈，四注式盖，弧形钮，扁环状把，管状流，下方紧贴腹壁。器表施浅蓝色炉钧釉。里胎呈褐红色，质地细腻。壶底钤有阳文篆书方印。

011

陈子畦款张良造像　清初

拍品尺寸：高 17.5 厘米
拍卖机构：北京保利
拍品编号：4779
拍卖时间：2011-12-06
成交价：RMB 4,485,000

此件陈子畦张良造像是明末清初紫砂造像的杰出代表作之一。张良俊朗宁和的面部表情生动自然，发丝历历，清晰工整。底座上张良盘坐之姿稳重如钟，各细部皆以曲线构成，流畅圆润。衣纹折痕疏密、粗细有节有度，极富动感。而塑像所用的段泥调砂色如古铜，内有星点，胎质细腻引人入胜。线条皱折的变化在沉稳笃定的感觉中，更增添胜算在握的圣贤风采。

宜兴窑邵邦祐制款珐琅彩花卉壶（残）

清　康熙

高 9.7 厘米

口径 8 厘米

足径 7.4 厘米

故宫博物院

● 圆形，平底，浅圈足。流及壶柄已残缺，壶盖保存完好。深栗色砂泥，细润光滑。壶身与壶盖以红、黄、绿、蓝等色珐琅彩描绘山石花鸟。器底以遒劲规整的楷书馆阁体书：“乙酉桂月臣僧实诚进，邵邦祐制”13 个字。从此壶的造型和花纹的布局，特别是双犄牡丹的画法分析，具有康熙朝瓷器绘画的典型特征。

乙酉桂月
臣僧寶誠
進
御邦祐製

乙酉桂月
臣僧寶誠
進
御邦祐製

012

朱泥狮钮壶　清　康熙

拍品尺寸：长 16 厘米
拍卖机构：北京保利
拍品编号：3142
拍卖时间：2010-08-02
成交价：RMB 201,600

此壶呈赤红色，造型雅致，纹饰瑰丽多姿，工艺精致，具有浓郁的东方民族特色，是清康熙年间宜兴窑出口给欧洲皇室宫廷的专用紫砂器。现欧洲有多个国家博物馆都藏有类似的紫砂器。

013

华凤翔款汉方壶　清　康熙

拍品尺寸：长 20 厘米

拍卖机构：北京保利

拍品编号：4710

拍卖时间：2011-12-06

成交价：RMB 92,000

宜兴窑柿蒂纹扁圆壶　清　雍正

高 8.1 厘米

口径 8.3 厘米

足径 6.4 厘米

故宫博物院

● 阔口，圆肩，扁腹，短直流，粗环柄。盖面突起浮雕柿蒂纹。浅赭色调砂泥，布满白砂点。砂泥颗粒较粗，但粗而不涩。

● 浮雕柿蒂纹为典型的晚明风格，明墓出土的紫砂壶和宜兴窑址出土的残器中多有柿蒂纹装饰的壶流或壶盖。此壶浮雕柿蒂纹周边翻卷，有一定的厚度，使光洁素雅的壶体增添了圆雕的神韵。

宜兴窑紫砂黑漆描金彩绘方壶

清　雍正

高 11.5 厘米

口径 12×9 厘米

足径 9×8 厘米

故宫博物院

● 直口，略呈长方形，器身方中见圆。弯流，方柄，下承四长方折角随形足。出沿式盖，方亭式钮。厚重的紫砂内胎，外髹黑漆上以金彩描绘山水图。壶身描金漆绘保存完好，盖上大部脱落。

● 以漆髹饰紫砂壶始于明代，清雍正年间吸收了漆器重彩描金的技法，将壶体装饰得金碧辉煌。此壶造型大气，描金漆画彩精美异常，具有典型的皇家风范，是迄今仅存的旧藏雍正紫砂胎黑漆描金彩绘壶。

014

紫泥合菊壶　清　雍正

拍品尺寸：宽 16.5 厘米
拍卖机构：中国嘉德
拍品编号：3217
拍卖时间：2011-05-21
成交价：RMB 253,000

此壶短流宽口，倒把柄浑而圆。壶腹凸起弦纹间分上下，壶身压线成筋囊纹，隐起犹似菊瓣，上如覆菊，下如仰菊。矮颈平盖，均依隐起菊瓣向上延伸，盖钮塑作台形圆柱状。壶底不连壶身，另制与口盖相若的底足后再黏合，亦作菊瓣贯通壶身，底心缀饰仿佛花蕊。泥色如蟹壳青。造型优美，样式独特。

015

紫泥粉彩描金花鸟纹笠帽壶　清　雍正

拍品尺寸：宽 20.5 厘米
拍卖机构：中国嘉德
拍品编号：2182
拍卖时间：2010-11-21
成交价：RMB 896,000

此壶泥质细润，色泽深褐，雄浑壮硕，气度不凡。高身壶体折肩平顺，圆转周正，笠帽形壶盖板沿宽厚，与高颈壶口密合，壶流粗壮上翘，流口宽大，壶把扣于壶身，制作工艺精湛。

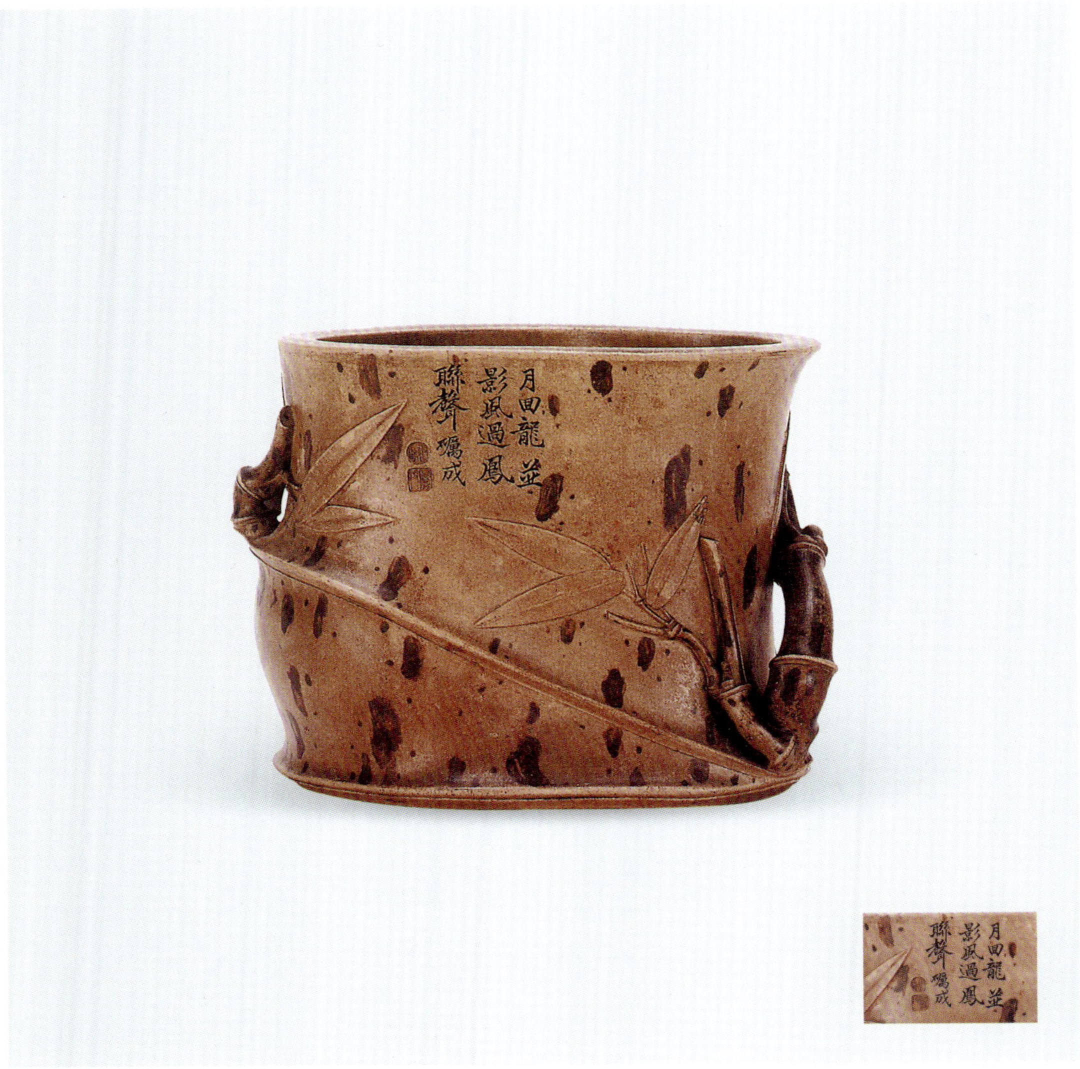

016

陈砺成款段泥仿湘妃竹笔筒　清　雍正

拍品尺寸：直径 16.5 厘米

拍卖机构：北京保利

拍品编号：0188

拍卖时间：2011-06-02

成交价：RMB 1,495,000

宜兴窑御题诗松树山石图壶（一对）

清　乾隆

高 9 厘米

口径 5.6 厘米

足径 6.6 厘米

故宫博物院

● 扁圆形，小弯流，曲柄，圆盖微鼓有钮。紫红色砂泥，砂质细腻，色调纯正。腹一面长方形开光内刻乾隆御题《雨中烹茶泛卧游书室有作》七言诗："溪烟山雨相空濛，生衣独坐杨柳风，竹炉茗碗泛清濑，米家书画将无同。松风泻处生鱼眼，中冷三峡何需辨。清秀仙露心诗脾，座间不觉芳堤转。"

● 句末钤圆形篆文"乾"字、方形篆文"隆"字印章款；另一面刻松树山石图。

宜兴窑御题诗山水人物纹阔底壶

清　乾隆

高 14.3 厘米

口径 6.5 厘米

底径 10.9 厘米

故宫博物院

● 壶口微撇，粗颈，硕腹，阔平底。弯流，螭龙形长柄，圆盖，圆钮。腹一面长方委角开光内刻乾隆御题诗《雨中烹茶泛卧游书室有作》，另一面为山水人物图。密林深处，细雨蒙蒙，一股清澈的山泉顺流而下，通向茅屋的小桥上一老翁打伞匆匆前行，屋中的老妇正倚窗向外张望，小侍童忙着煮茶迎接主人的归来。这些生动感人的生活场景被宜兴工匠们表现得淋漓尽致。

宜兴窑描金山水方壶　清　乾隆

高 9 厘米

口径 4.5 厘米

底径 10 厘米

故宫博物院

● 方口，三弯流，蝉肩方体，下承四方折角包边足。紫色砂泥，通体金彩装饰，腹一面绘金彩山水人物纹，另三面金彩书乾隆御题五言诗《御制雨中留余山居即景》，诗云：“径穿玲珑石，檐挂峥嵘泉。小许亦自佳，昨来龙井边。”此诗收录在《清高宗御制诗集·三集》卷二二中。足内凸印篆书“乾隆年制”四字印章款。

宜兴窑象耳提梁壶（一对） 清 乾隆

通高 17.7 厘米

口径 5.5 厘米

足径 6.8 厘米

故宫博物院

● 圆腹，丰肩，腹以下渐收，单孔细长流，肩部安高圆提梁柄，柄两端各饰象首部雕饰。圆盖凸起，上雕莲瓣纹一周，钮呈宝珠状。浅赭色粗砂泥，泥色古朴。由于胎泥含砂量高，分量较轻。

宜兴窑紫砂绿地描金瓜棱壶（一对）
清　乾隆
高 11.2 厘米
口径 8 厘米
足径 8 厘米
故宫博物院

● 瓜棱形，曲柄，短弯流，瓜形盖，宝珠钮。紫砂内胎，盖及腹部绘绿地描金粉彩莲花蝙蝠杂宝纹，通体以金彩为主，其间点缀红、黄、蓝等色，富丽堂皇。一件绿地略泛灰蓝，流部纹饰略有不同。圈足内紫砂地金彩篆书“大清乾隆年制”六字印章款。

大清乾隆年製

大清乾隆年製

宜兴窑炉钧釉壶 清 乾隆

高 10.5 厘米

口径 5.7 厘米

足径 6 厘米

故宫博物院

● 广口，弯流，耳形柄，圆腹，高身，圈足。圆盖有钮。紫砂内胎，外施炉钧釉，釉面以蓝色为主，间杂浅蓝、月白色斑点，釉质凝厚，色彩斑驳。

● 炉钧釉是清雍正年间新创烧的一种低温釉，釉面两种色泽交融与钧窑窑变天蓝釉相似，釉彩是在低温窑炉中二次烧成，故称“炉钧釉”。宜兴紫砂胎的炉钧釉在乾隆时期烧造得非常成熟，外表已经很难和景德镇瓷胎相区别。炉钧釉汉方壶清乾嘉时期十分流行，此壶是同类器物中器形较大的一种。

宜兴窑彩绘山水人物纹大笔筒

清　乾隆

高 14 厘米

口径 15.5 厘米

足径 14.5 厘米

故宫博物院

● 圆形，口底相若，宽圈足。底单方栏内有篆书“大清乾隆年制”六字阳文款。黄色砂泥，胎体厚重。外壁彩绘山水人物图。茅屋下一老者坐于石凳上，小童抱琴侍立。江面上渔夫站立船头垂钓，江中鱼儿如梭，成群游荡。屋前老树枝条茂密。近处小桥流水，翠竹成林，一幅甜美舒适的田园风光。

● 此器是朝廷专门在宜兴定制的宫廷紫砂文房用品。笔筒上的画面内容与同时期瓷器上的山水人物纹饰基本相同，由于材质与瓷器不同，紫砂彩绘花纹凸现，显示出完全不同的艺术效果。

宜兴窑杨季初款彩绘山水人物纹大笔筒

清　乾隆

高 15 厘米

口径 15.5 厘米

足径 14.5 厘米

故宫博物院

● 直口，口底相若，边壁厚实，宽圈足。外壁彩绘山水人物。群山深处，三间茅屋依次掩映其间，堂屋内的高士苦读诗书，另一屋内侍者忙碌打扫。近处山峰叠翠，古树参天。远处江面雾气升腾，渔帆点点。足内有“杨季初”三字阳文印章款。铁褐色砂泥。

宜兴窑凸雕双桃式水丞　清　乾隆
高 5.5 厘米
口径 4 厘米
故宫博物院

● 以双桃为基本造型，凸雕枝叶茂盛的枝杈，水丞里心雕刻一桃核。

宜兴窑凸雕蟠螭瓶　清　乾隆

高 12 厘米

口径 2.4 厘米

底径 4.2 厘米

故宫博物院

● 小口，细长颈，垂腹，圈足。因瓶的颈、肩处堆塑蟠螭，故得此名。暗红色砂泥，包浆莹润。瓶身堆塑两蟠螭向上攀爬，曲尾相视，嬉戏玩耍。

● 蟠螭瓶是明中晚期瓷器上常见的瓶式，但紫砂质地的蟠螭瓶并不多见。

宜兴窑莲花钵　清　乾隆

高 6.4 厘米

口径 8 厘米

底径 6 厘米

故宫博物院

● 罐形，腹凸雕六瓣莲花瓣，上画刻莲花筋脉纹。平底微内凹。栗黄色砂泥，粗中有细，古朴凝重。

宜均天青釉委角方盘　清　乾隆

高 4 厘米

口径 19.5 × 19.5 厘米

足径 15.5 × 15.5 厘米

故宫博物院

● 四方委角形，平底略内凹，方底四边等距离整齐排列八个小支钉痕。紫砂胎，通体施天青釉，底正中釉下刻“五”字款。宋代钧窑的花盆上常见楷写的从一到十的数字，清代宜均不仅釉色仿钧窑，而且刻意模仿器底的数字，力求与宋钧窑一致。宋钧窑数字是剔釉深刻，笔道遒劲有力，宜均的数字是刻划在紫砂胎上，笔道纤细，在厚釉的覆盖下隐约可见。

017

朱泥莲子壶　清　乾隆

拍品尺寸：高 8.3 厘米　长 14.6 厘米

拍卖机构：北京诚轩

拍品编号：0882

拍卖时间：2011-11-12

成交价：RMB 126,500

莲子式朱泥壶胎质坚实，窑火成熟。壶形扁圆鼓腹，全器从壶钮、壶盖至壶身均作扁圆式，圆浑蓄劲，敦穆朴拙，具有乾隆时期风格特征。三弯流口截平，环把设垂，造型颇具特色，较为少见。

018

莲子壶　清　乾隆

拍品尺寸：宽 23 厘米

拍卖机构：北京保利

拍品编号：4308

拍卖时间：2011-12-06

成交价：RMB 138,000

019

邵春元制紫泥大宫灯壶　清　乾隆

拍品尺寸：宽 22 厘米

拍卖机构：中国嘉德

拍品编号：3226

拍卖时间：2011-5-21

成交价：RMB 149,500

紫砂大壶以清水泥制作，呈砖红色。高身宫灯壶式，圆圈足，高颈，高盖，高珠钮，三弯流，大圈把，气韵壮硕轩昂。清盛世的紫砂茗壶，其造型气度浑厚，比例协调，不附加装饰，仅以器形身线的变化或开光加强装饰效果，凸显细腻的泥质，崇尚“不务妍媚而朴雅坚栗”。此壶底钤“邵春元制”篆书阳文印款，章款规矩，有雍乾时风。

020

邵旭茂款平盖莲子壶　清　乾隆

拍品尺寸：长 32.5 厘米

拍卖机构：北京保利

拍品编号：4712

拍卖时间：2011-12-06

成交价：RMB 161,000

O2I

紫泥泥绘蝙蝠纹壶　清　乾隆

拍品尺寸：宽 16.6 厘米
拍卖机构：中国嘉德
拍品编号：3212
拍卖时间：2011-05-21
成交价：RMB 184,000

此器为典型乾隆年制砂壶风格，扁灯体，全壶以泥绘为装饰手法。盖面贴片并泥绘各体篆书“寿”字，简洁流畅。壶身堆泥绘祥云蝙蝠纹，象征引福归堂，寓意祥和。壶底钤有“大清乾隆年制”阳文六字篆书印，与清宫旧藏泥绘莲花纹壶款甚为相似。

O22

陈鸣远制仿古鹦鹉杯　清　康熙

拍品尺寸：高 15.8 厘米
拍卖机构：中国嘉德
拍品编号：3933
拍卖时间：2013-05-14
成交价：RMB 1,380,000

著录来源：《阳羡砂器精品图录》第 119-120 页，台北淑馨出版社，1985 年。

此杯为紫砂梨皮调砂胎质，繁星状颗粒，古朴雅致，式态秀丽。仿青铜觥，一鹦鹉负大杯，以三角饰片及螭龙纹装饰，古意盎然。此杯工艺精湛，曾为近代紫砂收藏大家陈克立、唐天如收藏，为流传有序的紫砂名品。

023

王南林制紫泥泥绘山水人物纹壶

清　乾隆

拍品尺寸：宽 23.3 厘米
拍卖机构：中国嘉德
拍品编号：3219
拍卖时间：2011-5-21
成交价：RMB 460,000

壶作圆珠式，口沿及器足起线，嵌盖鼓起，圆珠钮，三弯流，圆弧把，整器浑圆大气，比例得当。壶身两侧以浅色团泥的脂泥绘制山水图，线条流畅，气韵生动，意境深邃。此造型常见于乾隆时期壶品，应是当时流行壶式。底款“王南林制”，字体讲究，排列工整。

024

杨履康制紫泥泥绘山水人物纹圆壶

清　乾隆

拍品尺寸：宽 18 厘米

拍卖机构：中国嘉德

拍品编号：3220

拍卖时间：2011-05-21

成交价：RMB 1,725,000

此壶形制少见，直筒式类似宫灯体，如意桥钮，高肩，三弯流，环形把，圈足。肩部及口盖饰回纹一圈，壶身通体泥绘山水图。气韵生动，匠心独运，足可赏玩。

025

虚扁壶　清　乾隆

拍品尺寸：长 16.5 厘米

拍卖机构：北京保利

拍品编号：0186

拍卖时间：2011-06-02

成交价：RMB 575,000

026

紫泥御题诗金银彩山水纹方壶　清　乾隆

拍品尺寸：宽 14.3 厘米
拍卖机构：中国嘉德
拍品编号：3213
拍卖时间：2011-05-21
成交价：RMB 8,625,000

壶呈方墩式，方口嵌盖，三弯流，壶口微束，鼓腹，下承四方折角包边足。口足饰以回文印花，雍容华贵。泥色纯紫，细密如绸缎，通体纹饰。腹一面金银彩描绘山水，足内阳文篆书“乾隆年制”四字印章款。乾隆御制紫砂器传世稀少，弥足珍贵。类似作品在故宫博物院等处收藏，可资比较。

027

史继长制紫泥加彩方壶　清　乾隆

拍品尺寸：宽 22.5 厘米
拍卖机构：中国嘉德
拍品编号：2186
拍卖时间：2010-11-21
成交价：RMB 84,000

乾隆时期多方器大壶，此壶呈四方体，挖四足，高颈有口线，方形嵌盖。方形三弯流，与方柄出戟把呼应，落落大方。壶身满施蓝彩，两面饰以书画、白彩行书两首。另一侧白彩画竹，挺拔有力。

028

杨履康制泥绘山水图如意圆灯壶

清　乾隆

拍品尺寸：宽 18.3 厘米　高 12.7 厘米

拍卖机构：中国嘉德

拍品编号：3924

拍卖时间：2013-05-14

成交价：RMB 287,500

著录来源：《文荟菁英——和正斋宜兴紫砂藏珍》第 224-225 页，台北盈记唐人工艺出版社，2012 年 3 月。

此壶形制少见，直筒式似宫灯体。以上佳泥料制成，做工精湛，气度静穆。圆筒身，如意桥钮，高肩及圈足，三弯流伸展流畅，环形把榫接有力。肩部及口盖饰以回纹一圈，泥绘山水图，气韵生动，匠心独运，足可赏玩。

029

陈荫千制紫泥竹节提梁壶　清　乾隆

拍品尺寸：宽 22 厘米
拍卖机构：中国嘉德
拍品编号：3202
拍卖时间：2011-05-21
成交价：RMB 322,000

茶壶整体造型仿自竹段，椭圆形壶身，矮圈足，壶嘴塑成三节竹节曲流，壶把则为两枝细长竹枝缠扭成提梁式。盖为椭圆拱形，上贴饰竹叶两丛，盖钮亦为双竹枝相扭呈拱桥式，盖顶正中一小通气圆孔。紫砂泥质较细，颗粒微粗，含黑、黄砂点。壶底钤“陈荫千制”篆书方印。

030

朱林全制紫泥炉钧釉圆壶　清　乾隆

拍品尺寸：宽 21 厘米
拍卖机构：中国嘉德
拍品编号：3210
拍卖时间：2011-05-21
成交价：RMB 80,500

壶呈素身圆筒形，管状三弯壶流，耳形把圈浑圆有力。原盖缺失，配红木盖。壶底钤“朱林全制”反印款。此壶器形颇大，气势壮硕，是清代乾隆时期典型壶式。炉钧大壶一般常见为汉方式，此类罕见。此壶造型规整，釉色变化妙趣横生，是传世不多的紫砂胎炉钧釉佳作。

031

紫砂高身酒壶　清　乾隆

拍品尺寸：宽 14.8 厘米　高 17 厘米

拍卖机构：中国嘉德

拍品编号：2361

拍卖时间：2010-5-16

成交价：RMB 134,400

紫砂泥料精炼，作高身酒壶。壶身筋纹瓜囊形，高颈内凹，口沿及高足起线，三弯流、耳形把纤细，笠帽盖设多层次壶钮，皆制作精工考究。此类酒壶由于胎体纤薄，传承过程中极易损坏，如此好品相极为难得。

032

杨季初笔筒　清　乾隆

拍品尺寸：直径 14.6 厘米

拍卖机构：北京容海

拍品编号：1044

拍卖时间：2011-4-23

成交价：RMB 1,344,000

033

杨季初制色泥堆绘段泥山石花卉纹笔筒

清 乾隆

拍品尺寸：高 14 厘米
拍卖机构：中国嘉德
拍品编号：2167
拍卖时间：2010-11-21
成交价：RMB 1,792,000

器身以段泥为体，敷以嫩黄泥为表，色泥堆绘外壁。画意以山石花卉为题，立意清新秀逸。构图采取近景描绘，取湖石一座，丛卉盛开，灿若文锦。湖石剔透玲珑、质感逼真，花瓣勾勒精细、开合有致，叶子参差有姿、自然生动，花心间以红泥点饰，具层次感，望似凸于绢素之上。

034

紫砂色泥堆绘山水人物纹笔筒

清　乾隆

拍品尺寸：直径 15.7 厘米
拍卖机构：北京保利
拍品编号：3971
拍卖时间：2010-06-04
成交价：RMB 504,000

器身以宜兴本山绿泥为体，敷以嫩黄泥为表，泥绘并浮雕色泥于外壁。筒身外壁使用紫砂泥堆塑（俗称泥绘）技法，创作一幅山水人物画，近处波涛起伏的河流，一名牧童伏卧于牛背上，另一牧童尽力牵牛，岸边树木参差而立；远处有房屋，屋后山峰矗立。此笔筒质感颇佳，器形规整，简单大方，山水人物画意境优美，装饰技法高明。

035

彩泥堆绘花鸟鱼虫图笔筒　清　乾隆

拍品尺寸：高 15.3 厘米　口径 14 × 14 厘米

拍卖机构：北京诚轩

拍品编号：0878

拍卖时间：2011-11-12

成交价：RMB 1,495,000

036

杨季元泥绘山水花鸟图紫砂瓶

清　乾隆

拍品尺寸：高 22 厘米
拍卖机构：中国嘉德
拍品编号：1767
拍卖时间：2009-5-29
成交价：RMB 336,000

著录来源：《中国嘉德·翦淞阁精选文房名品》2006 年 6 月 3 日，Lotl614；《荆溪紫砂器》第 191 页，图 243，唐人工艺出版社，1999 年 4 月。

器形仿青铜器制，呈四方形，小方口，鼓腹，圈足外撇，肩上两边对称铺首衔环耳。瓶口一圈凸起饰回纹，腹部通景彩泥绘纹饰，峭耸的群峰，烟岚飘渺，巨石林立。有浅坡青葱，小桥流水，廊社掩映。山水延伸至另构一幅花鸟画。白色的绶带鸟立于枝头，长尾卷婉，美丽动人。此件作品以彩色泥绘的工艺绘制纹饰，色彩层次丰富，以紫灰粗砂为地儿，意境尽出，实属不可多得的一件紫砂陈设艺术品。

037

宜均天青釉水盘　清　乾隆

拍品尺寸：长 37 厘米
拍卖机构：北京匡时
拍品编号：533
拍卖时间：2010-12-05
成交价：RMB 145,600

天青釉水盘，紫砂泥胎，表面满施天青釉，造型大气，体质优美，线条过渡自然，是一件高雅的文房藏品。天青釉又名雨过天青，是一种幽淡隽永的高温蓝色釉，有“青如天，明如镜”釉色特点。

宜兴窑特高诗句壶　清

高 28 厘米

口径 13.7 厘米

底径 15.5 厘米

故宫博物院

● 此壶为清代前期仿大彬壶的上乘之作，也是目前故宫博物院收藏的最大一把紫砂茶壶。壶上文字源于宋代诗人苏轼的《前赤壁赋》。

宜兴窑椭圆瓜式壶　清

高 8.7 厘米
口径 7.7×5.8 厘米
足径 8.7×4.5 厘米
故宫博物院

● 椭圆四瓣瓜棱式，曲柄，弯流，瓜棱口，腹部凸饰一道弦纹，底对称有两半圆条形足。盖面镂雕竹叶纹，竹节钮。泥色纯正。此壶筋纹线条饱满流畅，将镂雕与筋囊工艺相结合，生动别致，颇有特色。

宜兴窑荆溪惠孟臣款菊瓣壶　清

高 4.7 厘米

口径 3.5 厘米

底径 3.8 厘米

故宫博物院

● 壶体八道凹筋葵花式，花口，圆腹，直流，环柄，盖以卧狮为钮，狮前爪压绣球，狮尾兽毛清晰可见，雕工极细。壶盖内钤行书“水平”二字，壶底钤长方篆书“荆溪惠孟臣制”六字印章款。胎薄体轻，砂质极细，小巧玲珑。

宜兴窑陈殷尚款菱花式壶　清

高 10 厘米
口径 7 厘米
足径 6.8 厘米
故宫博物院

● 菱花筋囊式，长弯流，曲柄。五出边菱花式盖，宝珠钮。底有隶书“陈殷尚制”四字印章款。深栗色砂泥，砂质极细，色调纯正。

● 所谓筋囊就是将自然界中的瓜棱、花瓣分成若干等份的出筋纹纳入到精确规范的壶体设计当中。此菱花式壶筋纹饱满挺直，由顶至底毫厘不差，非一般匠人所能为之。

宜兴窑世德堂款包袱式壶　清

高 8 厘米

口径 6.7×5.4 厘米

足径 6×6 厘米

故宫博物院

● 长方形包袱式，嵌盖，方圈足。盖上包袱结与壶身包袱布合为一体，包袱对角打结，一侧为弯流，另一侧为柄，盖里凸印“宝丰”款，壶底凸印篆书“世德堂”印章款。

● 宝丰为史宝丰，嘉庆道光年间紫砂艺人，私家堂号“世德堂”。紫砂包袱壶相传始于时大彬，以后历朝有仿。此壶造型古朴、设计巧妙，布纹褶理自然逼真。

宜兴窑提梁壶　清

通高 14.5 厘米
口径 8.2 厘米
底径 7.3 厘米
故宫博物院

● 圆形，鼓腹，平底。高架三叉提梁相交于壶体上方。圆盖凸起，太湖石形状钮。砂泥呈黄色，质地细润。

● 清中期以后，提梁壶多由单提梁改为双提梁，既增加了壶的稳定性，又体现出壶形的美观。

宜兴窑竹节壶　清

高 10.5 厘米

口径 6 厘米

足距 9.5 厘米

故宫博物院

● 呈束竹状，壶体以 14 根挺拔的双节竹围成，中部略收，下承四竹节形足。流、柄、钮均以不同形态的三段竹节制成。竹竿粗细均匀，工整光洁，上下连贯，自然之趣惹人喜爱。

宜兴窑僧帽壶　清

高 12.2 厘米
口径 6.3 厘米
底径 7.8 厘米
故宫博物院

● 此壶僧帽式，腹部方中见圆，颈内收，盖、颈、足均呈六方形。盖隐于帽沿墙内，宝珠形钮。流置于腹与颈相连处，与口平齐。柄扁平弯曲，作如意状。紫红色砂泥，优雅静穆。

● 僧帽壶是元代景德镇官窑创烧的新造型，因口颈形似藏传佛教僧侣的帽子而得名，明永宣时期十分流行，清康熙、雍正时都有官窑仿烧。此紫砂僧帽壶较清代早期瓷质僧帽壶略为矮胖，应为嘉道制品。

宜兴窑紫砂圆形砚　清

高 2.5 厘米
直径 26 厘米
故宫博物院

● 砚膛凸起呈圆形，表面施釉，光滑亮泽。其外周环水渠，圆形砚边棱较窄，口沿侧面有内凹弦纹装饰。砚底内凹，中部有长方形“荆水口伯夷制”印章款。调砂泥，砂质粗中有细，呈深古铜色，表面有黄砂颗粒，似金星效果。造型简洁古朴，体轻，敲击有木声。

宜兴窑紫砂八棱砚　清

高 6.5 厘米

最大直径 38.5 厘米

故宫博物院

● 八棱形，凸起的砚膛也为八棱形，外环水渠宽阔，口沿边棱也较宽。砚侧面分别装饰首尾相连的夔龙纹和回锦纹，有浅浮雕效果。砚底内凹较深，置四边随形平足。

● 此砚砚体硕大，厚重，砂质细腻，呈铁锈红色，古朴庄重。水渠周环砚膛形式，近似隋唐辟雍砚，但没有高圈足。

宜兴窑友石山房款
四方委角诗句方盘　清

高 3.5 厘米
口径 30 × 30 厘米
底径 30 × 30 厘米
故宫博物院

● 四方委角，浅壁，平底，下承四条形足。浅黄色砂泥。盘心线刻的十字形纹与内壁四边线形成河洛图形。盘心分左右两边刻整篇行书铭文，落款“杨彭年制”。盘外四壁各有凸雕紫褐色螭龙三条，凹进的四委角外侧各凸雕紫褐色螭龙一条。

宜兴窑逸公款碟　清
高 2.5 厘米
口径 10 厘米
足径 6.2 厘米
故宫博物院

● 撇口，弧腹，圈足，足根有凹槽，深紫色砂泥，色泽深沉宁静，调砂泥珍粒隐隐，似星光闪烁。内有篆书“逸公”印章款。

宜兴窑惠逸公款凸印寿字碟　清

高 1 厘米

口径 12 厘米

足径 10.5 厘米

故宫博物院

● 撇口，出唇，弧壁，圈足。紫色砂泥极为细腻光滑。碟中心模印一寿桃，中间有篆书“惠逸公制”四字印章款，寿桃周围围绕六个篆体“寿”字，以回纹补隙，精致巧思，别具风格。

宜兴窑惠逸公款凸莲瓣碗　清

高 5.9 厘米

口径 12.6 厘米

足径 5.5 厘米

故宫博物院

● 口微撇，出边，圈足起弦线。深紫色砂泥，细润光洁。碗上部光素，下部凸雕 13 莲瓣，每瓣内以细线勾勒。底有篆书“惠逸公制”四字印章款。

宜兴窑项圣思款梅花诗句杯　清

高 3.8 厘米

口径 6.5 厘米

故宫博物院

- 花瓣口，以梅根为柄，梅枝为托，紫红色砂泥，杯口沿刻写行书“远声霜后树”五字，字体刚劲古拙。外口下有篆书“项圣思制”四字印章款。
- 该杯以梅为形，构思巧妙，借梅之寓意表现文人的品质。

宜兴窑凸雕螭龙纹鸟食罐　清

高 3.8 厘米

口径 10×8 厘米

底径 10×8 厘米

故宫博物院

● 椭圆形，直口，直腹。深紫色砂泥，内壁光素，外壁凸印双螭龙和团寿字纹。

● 瓷质鸟食罐始见于唐，明清以来大量制作，但精致的清代紫砂鸟食罐数量极少。

038

吉安款行有恒堂诗文款壶　清

拍品尺寸：长 16 厘米
拍卖机构：北京保利
拍品编号：4777
拍卖时间：2011-12-06
成交价：RMB 2,530,000

039

留佩款朱泥梨形壶　清

拍品尺寸：长 13.3 厘米

拍卖机构：北京保利

拍品编号：3055

拍卖时间：2010-08-02

成交价：RMB 67,200

040

朱泥菊瓣壶　清

拍品尺寸：长 9.4 厘米
拍卖机构：北京保利
拍品编号：3056
拍卖时间：2010-08-02
成交价：RMB 84,000

041

范庄农家款四纹竹节壶　清

拍品尺寸：长 17 厘米

拍卖机构：北京保利

拍品编号：0179

拍卖时间：2011-06-02

成交价：RMB 40,250

042

陈鸣远款束柴三友壶　清

拍品尺寸：长 15 厘米

拍卖机构：北京保利

拍品编号：0191

拍卖时间：2011-06-02

成交价：RMB 747,500

043

荆溪陈制款竹节壶　清

拍品尺寸：高 17.5 厘米

拍卖机构：北京保利

拍品编号：0187

拍卖时间：2011-06-02

成交价：RMB 598,000

044

邵顺昌制松鼠提梁壶　清

拍品尺寸：长 18 厘米

拍卖机构：北京保利

拍品编号：0222

拍卖时间：2011-06-02

成交价：RMB 34,500

045

陈鸣远款紫泥螃蟹荷叶形笔洗　清

拍品尺寸：长 18 厘米
拍卖机构：中国嘉德
拍品编号：3256
拍卖时间：2011-05-21
成交价：RMB 747,500

以紫泥捏塑自然形荷叶翻卷折叠，包裹呈碗状，荷干做底足，另饰一棵小莲蓬，莲子活动，贴饰小河蟹及田螺，表现出荷塘野趣。整器制作精巧，生动自然，颇见巧思。器底荷叶边钤一阳文印款“陈鸣远制”。

046

鸣远款段泥笋形水呈　清

拍品尺寸：长 19 厘米
拍卖机构：中国嘉德
拍品编号：3255
拍卖时间：2011-05-21
成交价：RMB 2,300,000

笋身呈有轻微弧度的三角锥体，底部贴三个蛤蜊贝壳及两朵蘑菇作器足。泥色浅黄，笋根涂黑红色脂泥，笋叶勾勒细密排线，外壳洒黑红斑点，造型自然，栩栩如生。底款行书署“鸣远”，并钤印“陈鸣远制”。南京博物院等机构收藏有类似作品。

047

陈鸣远款紫泥拼砂蚕食桑叶形盘　清

拍品尺寸：长 14 厘米
拍卖机构：中国嘉德
拍品编号：3253
拍卖时间：2011-05-21
成交价：RMB 483,000

以拼砂制作桑叶，段泥制作蚕虫，色泽逼真自然。由五片桑叶覆叠而成椭圆形小盘，盘面饰以三条蚕虫正在嚼食桑叶，一条可见全身，另两条在蛀孔中现出部分，分布错落，制作工艺高超，雕琢颇见匠心。

048

紫砂仿铜釉双耳尊（一对） 清

拍品尺寸：高 33.8 厘米

拍卖机构：德国纳高

拍品编号：597

拍卖时间：2003-4-30

成交价：RMB 73,928

049

陈汉文款紫泥仿古饕餮纹簋　清

拍品尺寸：宽 14 厘米
拍卖机构：中国嘉德
拍品编号：3263
拍卖时间：2011-05-21
成交价：RMB 1,955,000

器身以紫泥掺砂制成，仿青铜簋，满工对称贴饰拐子龙纹，间以出戟作区隔。形制庄重肃穆，规整大气，乃紫砂陈设器之杰作。

050

紫砂水仙盆　清

拍品尺寸：长 17.4 厘米

拍卖机构：北京保利

拍品编号：3118

拍卖时间：2010-08-02

成交价：RMB 5,600

051

李茂林款紫泥弥勒佛　清

拍品尺寸：宽 19.7 厘米
拍卖机构：中国嘉德
拍品编号：3257
拍卖时间：2011-05-21
成交价：RMB 782,000

弥勒宽肩露胸袒腹，慈眉善目，笑口大开，右手握珠，左手执布袋，赤脚席地而坐，底部平封。紫砂胎呈深栗色，砂感坚实，背后印款“李茂林造”。

整件作品生动传神，甚为珍稀，确为可遇而不可求的紫砂名品。

宜兴窑杨彭年款描金山水诗句壶　清　嘉庆

高 9 厘米
口径 7.3 厘米
足径 9.9 厘米
故宫博物院

● 壶身呈筒式，平盖，高钮，短流，曲柄，圈足。紫红色砂泥，质感细润。以金彩装饰紫砂茗壶，是清初以来为满足宫廷需求的时尚做法，此壶富丽工致，弥足珍贵。

052

杨彭年制紫泥台笠壶　清　嘉庆

拍品尺寸：宽 15.5 厘米
拍卖机构：中国嘉德
拍品编号：3300
拍卖时间：2011-05-21
成交价：RMB 1,127,000

此壶以紫泥为胎，泥料深紫，略掺有黄砂细颗粒，深邃闪烁，壶体中部内敛束腰，上部为嵌入式壶盖，盖沿至壶面浑圆自然，下部敦厚宽撇，底呈假圈足。流形上翘，飞把长流曲圆，向外拉出强而有力。

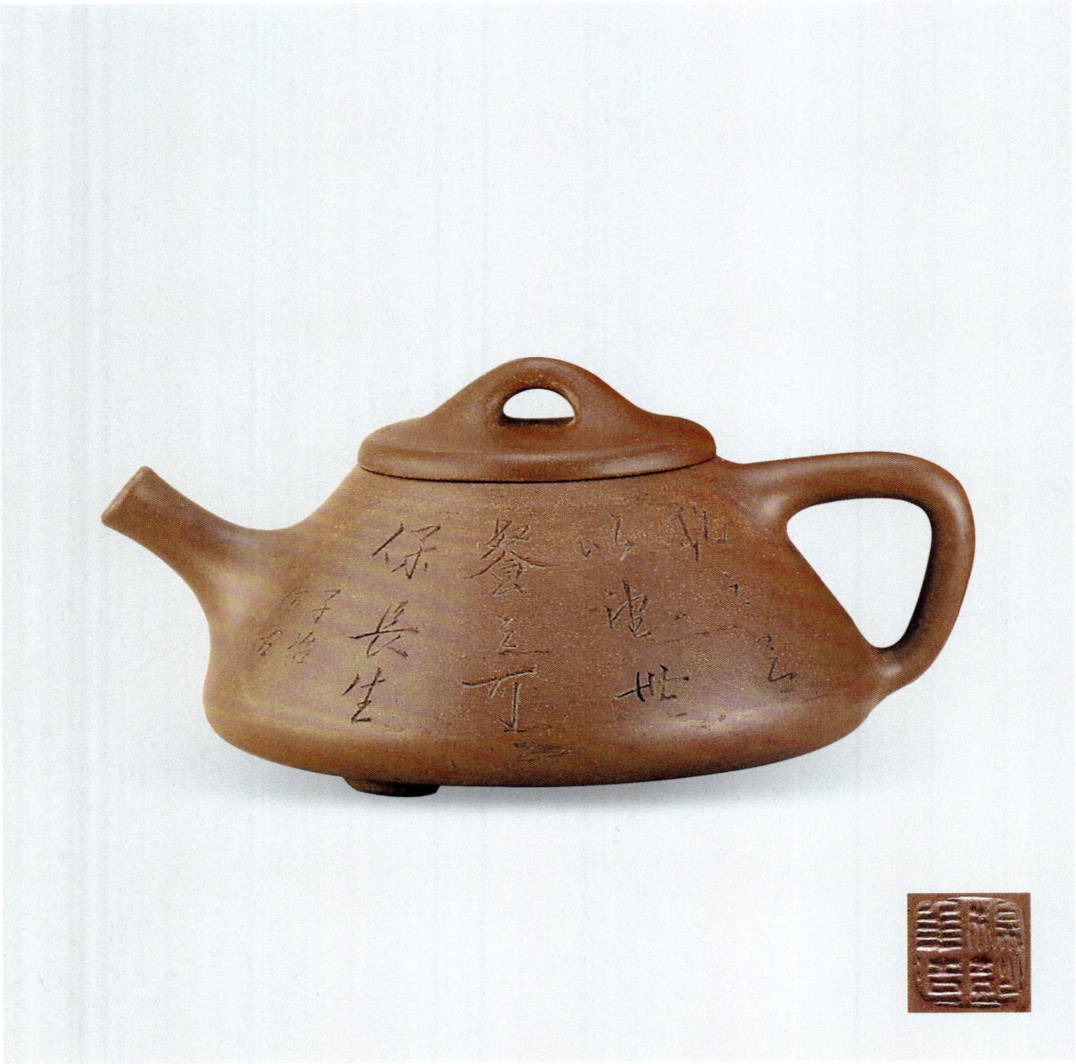

053

杨彭年制子冶、符生刻石瓢壶　清　嘉庆

拍品尺寸：长 16 厘米

拍卖机构：北京保利

拍品编号：4329

拍卖时间：2011-12-06

成交价：RMB 517,500

石瓢壶身呈梯形，壁身直挺，转角圆润。壶顶设平压盖，桥钮，简洁利索，壶身一侧中部设直流，另侧作执把为三角形，与壶身形制互补。壶底作扁圆柱形三足，平稳端庄。外壁环周雕琢诗词图绘，一面文“玩之竹以望世，餐之可保长生”，落“子冶”款，另一面壶身刻绘竹枝，而于其中间隙由符生刻篆书词句，设计巧妙，富于雅致气息。

054

杨彭年制紫泥子冶石瓢壶　清　嘉庆

拍品尺寸：宽 15 厘米
拍卖机构：中国嘉德
拍卖编号：1769
拍卖时间：2009-5-29
成交价：RMB 392,000

著录来源：《宜兴紫砂珍赏》第 118 页，图 107，三联书店（香港）有限公司，1990 年 12 月；《宜兴紫砂》第 146 页，图 63，文物出版社及两木出版社联合出版；《历代紫砂瑰宝》第 57 页，台北历史博物馆，1995 年 6 月。

壶形上小下大，重心下垂，壶嘴为矮而有力的直筒形，壶身呈"金字塔"式，端庄敦穆。

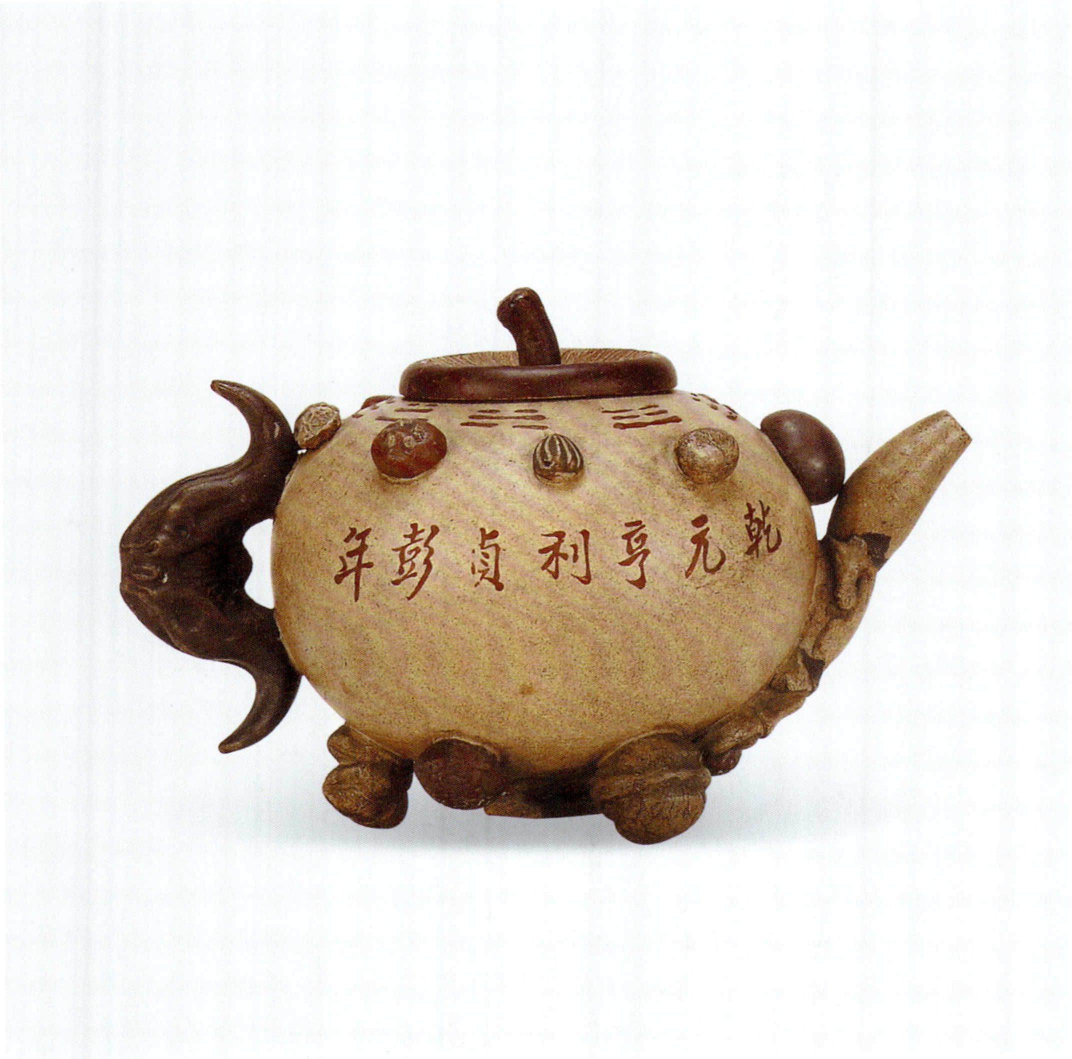

055

彭年铭百果壶　清　嘉庆

拍品尺寸：长 17 厘米

拍卖机构：北京保利

拍品编号：0196

拍卖时间：2011-06-02

成交价：RMB 69,000

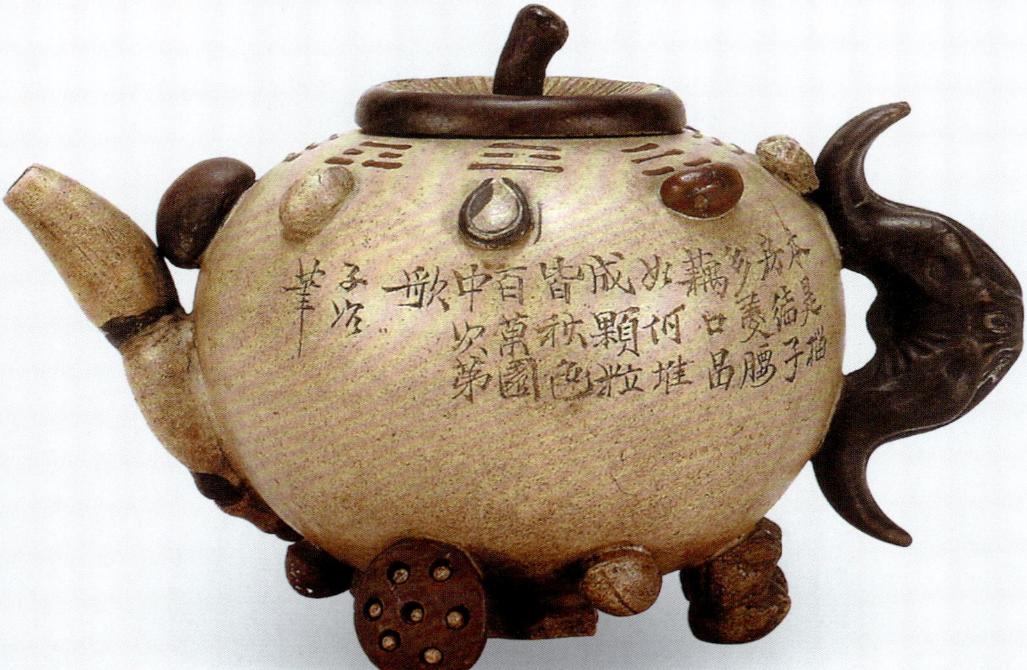

056

邵大亨制紫泥德钟壶　清　嘉庆

拍品尺寸：宽 22.5 厘米

拍卖机构：中国嘉德

拍品编号：2183

拍卖时间：2010-11-21

成交价：RMB 4,816,000

著录来源：《宜陶之旅》第 195 页，台北李佑任陶艺公司出版，1987 年；《名壶邮票特展专辑》第 69 页，壶中天地杂志社，1991 年 1 月；《荆溪紫砂器》第 160 页，台北唐人工艺出版社，1999 年 4 月；《壶魂》第 77 页上图，台北唐人工艺出版社，2003 年 3 月。

德钟壶式是邵大亨的代表作，器形端庄稳重、比例协调、结构严谨，乃经典壶式之一。此壶泥质呈板栗色，纯正紫润。通身手感极佳，抚之如婴儿肌肤。此大亨德钟壶，尺寸硕大，却不显粗率，近观制作随意自然，如信手拈来，远视整器周正秀雅，若浑然天成。

057

邵大亨制加彩莲子壶　清　嘉庆

拍品尺寸：长 18 厘米

拍卖机构：北京保利

拍品编号：3140

拍卖时间：2010-08-02

成交价：RMB 616,000

此壶为清中期制壶泰斗邵大亨所制。泥色呈紫褐，砂质纯正，形制饱满，气韵温雅，珠圆玉润。这是紫砂茗壶光素壶器中的一件佳器。该壶另一亮点是加彩装饰。

058

朗岑制、曼生书宜兴窑倒把嵌盖描金井栏壶 清 嘉庆

拍品尺寸：长 15 厘米
拍卖机构：北京保利
拍品编号：4730
拍卖时间：2011-12-06
成交价：RMB 1,495,000

此件倒把嵌盖描金井栏壶，身若井栏，嵌盖平缓合体，高柱钮与壶身统一，一弯嘴曲而微妙。把圈大，外扁平，里圆润，底圆而大。尤以壶盖内刻字“嘉庆己卯”年款，在所见描金壶中甚为少见。壶体描金篆书“明月催诗，蟹眼泡就，齿颊生香”。壶口包以金边，于富贵中更添文气，不失为清代中晚期具有皇家贵族趣味的佳品之一。

059

紫泥绿彩山水纹方壶　清　嘉庆

拍品尺寸：宽 15.3 厘米
拍卖机构：中国嘉德
拍品编号：3211
拍卖时间：2011-05-21
成交价：RMB 460,000

此壶壶体呈扁四方形，满施绿彩，壶流、壶钮、盖面及壶把皆以松石绿打底，肩部勾勒花草纹，壶身两侧细笔描绘山水图，纹饰饱满，画意精细，间以回纹装饰盖沿及壶口，制作严谨，颇有官家气派。

宜兴窑子冶铭提梁壶　清　道光

高 12.6 厘米

口径 6.8 厘米

足径 7.3 厘米

故宫博物院

● 扁圆形，短弯流，三叉交柄高提梁，卧足。圆盖，山形钮，落款“子冶”。

宜兴窑梅花纹菊瓣碗　清　道光
高 5.5 厘米
口径 10.5 厘米
足径 5.1 厘米
故宫博物院

● 菊瓣口，弧壁，圈足。碗为暗黄色砂泥，内挂白釉。外壁刻梅花一枝，底有篆书“行有恒堂”四字印章款。

宜兴窑竹虫花卉海棠式瓶

清　道光

高 23 厘米
口径 9.5×8 厘米
底径 12×7.5 厘米
故宫博物院

● 海棠式，花口，粗颈，瓜棱腹，圈足花瓣式外撇。红色砂泥，细腻光亮，瓶肩部有浮雕雄狮衔环耳，腹凸绘青竹一簇，竹干挺拔，叶影婆娑。

● 此瓶雏形最早见于五代白釉瓷器，清代中晚期移植到紫砂器造型中。

060

邵友兰制紫泥刻诗文壶 清 道光

拍品尺寸：宽 15.5 厘米
拍卖机构：中国嘉德
拍品编号：3232
拍卖时间：2011-05-21
成交价：RMB 184,000

此壶泥胎细密坚致，发色纯紫温润。宝珠钮，嵌盖蕴于口线内胆中，全器圆融规整，气韵秀逸。

061

邵景南款石瓢壶　清　道光

拍品尺寸：长 16.5 厘米

拍卖机构：北京保利

拍品编号：0206

拍卖时间：2011-06-02

成交价：RMB 69,000

062

紫泥风卷葵壶　清　道光

拍品尺寸：宽 17.5 厘米

拍卖机构：中国嘉德

拍品编号：3302

拍卖时间：2011-5-21

成交价：RMB 253,000

此壶泥色温润，做工精细，壶身巧用夸张变形之法，合葵花之巨大花托，形成合欢主体，妙不可言。其上图案规则生动，线条回旋，流转绵延，并饰以葵叶，乃取风势，偃仰翻转，更增灵动之势，尽显劲逸，以葵叶包转为壶流，自然且巧妙，壶把筋纹毕露，骨力舒展，手感极佳，不失为一件紫砂花货之佳器。

063

申锡制段泥砖文方壶　清　道光

拍品尺寸：宽 14 厘米
拍卖机构：中国嘉德
拍品编号：2174
拍卖时间：2010-11-21
成交价：RMB 672,000

著录来源：《紫泥——王度宜陶珍藏册》第 66 页，台北出版，1993 年 10 月；《明清紫砂艺术》第 118 页，黄健亮著，唐人工艺出版社，2007 年 8 月。

以段泥材质作砖形方壶，器形方正简洁，平底，四方形三弯流，方折把上段呈曲线飞把，使整器增添几分灵动秀逸。

064

炉钧釉汉方壶　清　道光

拍品尺寸：高 21.2 厘米
拍卖机构：北京中汉
拍品编号：0089
拍卖时间：2010-05-18
成交价：RMB 44,800

壶流较长，以四分之三平贴壶身，钮为桥梁式，壶盖窑压盖口。壶身转折棱角作弧线，沉稳优美又不失动感，呈现简约大方气概。底刻“澹然斋”款，行字宛转有力。通体炉钧釉繁密斑驳，釉色光泽涵蕴，富有变化，似梦如幻。炉钧釉是雍正年间创烧的一种高温窑变釉，故宫博物院、成阳基金会均藏有相似炉钧釉汉方壶。

宜兴窑寔斋款诗句端把壶　清　光绪

高 6.5 厘米

口径 7 厘米

底径 11.4 厘米

故宫博物院

● 直腹，平底，短弯流，环柄。平盖，宽带拱桥钮。栗红色的砂泥，泥质细腻。

宜兴窑菊瓣壶　清　光绪

高 11 厘米
口径 7.5 厘米
足径 6.5 厘米
故宫博物院

● 造型仿自然界菊花花瓣，除弯流、环柄外，通体由22个花瓣纹组成，壶、盖、口瓣瓣相吻，扣合紧密。

● 菊瓣壶在清代十分流行。此壶造型饱满，自盖及底等分菊瓣形，毫厘不差，显示出宜兴工匠高超的制壶技艺。

065

俞国良制紫泥四方传炉壶　清　光绪

拍品尺寸：宽 15.7 厘米
拍卖机构：中国嘉德
拍品编号：3234
拍卖时间：2011-05-21
成交价：RMB 276,000

四方传炉壶为清末创新品种，此壶式方中有圆，圆中寓方，要求比例恰当、珠圆玉润，实属不易。此紫泥传炉壶乃俞国良受吴大澂定制而做，方圆相济，挺匀有力，是传炉壶中的佳作。壶身有民国刻字名家南林氏刻煮茶图。

066

俞国良款、溥心畬题字画传炉壶　清　光绪

拍品尺寸：宽 23 厘米
拍卖机构：北京保利
拍品编号：4708
拍卖时间：2011-12-06
成交价：RMB 5,750,000

此件作品又是一件制壶高手与书画大家倾力合作的典范。四方传炉壶为清末创新品种，以清末民初壶艺名家俞国良制作的为传世精品。此紫泥传炉壶乃俞国良受清末民国书画大家溥心畬订制而做，方圆相济，挺匀有力，是传炉壶中的佳作。壶身刻有溥心畬书法和山水作品，与俞国良的精工壶艺交相辉映。

067

宜兴山水诗文茶壶　清　光绪

拍品尺寸：高 10 厘米

拍卖机构：北京翰海

拍品编号：2103

拍卖时间：2009-06-21

成交价：RMB 8,960

068

王东石制何心舟刻玉成窑仙瓢壶　清　光绪

拍品尺寸：宽 15 厘米
拍卖机构：北京保利
拍品编号：4357
拍卖时间：2011-12-06
成交价：RMB 437,000

以玉成窑特有泥料制成，扁腹瓜瓢形，壶身呈梯形，造型别致，为王东石原创，曲线柔和流畅，造型浑厚朴拙，圆弧盖以瓜蒂为钮，短流。壶身有何心舟刻文“仙瓢”，底款“苦窳生”，为王东石所款。

069

何心舟、王东石刻仿汉镜铭文壶
清　光绪

拍品尺寸：宽 15 厘米
拍卖机构：北京保利
拍品编号：4359
拍卖时间：2011-12-06
成交价：RMB 402,500

茶壶体态端庄，呈井栏形，壶盖略鼓，中心设圆钮，仿古铜镜式样，壶身前后分出流嘴执把，前端流嘴短促，向外斜伸，后端执把作半圆形。其玉成窑为清末梅调鼎于宁波慈城林家院内创办，聘何心舟、王东石等制壶名师与任伯年等文人雅士共同参与壶式设计与题铭创作。此壶依题款所记为何心舟，王东石，丁山农合作所制，其上采用宜兴上等泥料，壶色白中泛黄，色泽雅致，壶身外表兼用行、隶书体刻就，呈现文人清雅气息，颇为难得。

070

王东石款提梁壶　清　光绪

拍品尺寸：长 13.5 厘米

拍卖机构：长风拍卖

拍品编号：0104

拍卖时间：2011-06-21

成交价：RMB 6,325,000

071

玉成窑癸未黄山寿书画方砖壶　清　光绪

拍品尺寸：高 10.5 厘米
拍卖机构：中国嘉德
拍品编号：2195
拍卖时间：2010-11-21
成交价：RMB 280,000

此壶器形别出心裁，壶身呈正四方形，一隅开孔作流，平盖无把，对角握身以提壶。从材质上断，应属浙宁玉成窑出品，乃同光时期文人壶之别派。壶身刻梅花一周，盖面线刻变体云龙纹。此壶式乃传世仅见，文人意趣十足。癸未干支当为光绪九年（1883 年）。

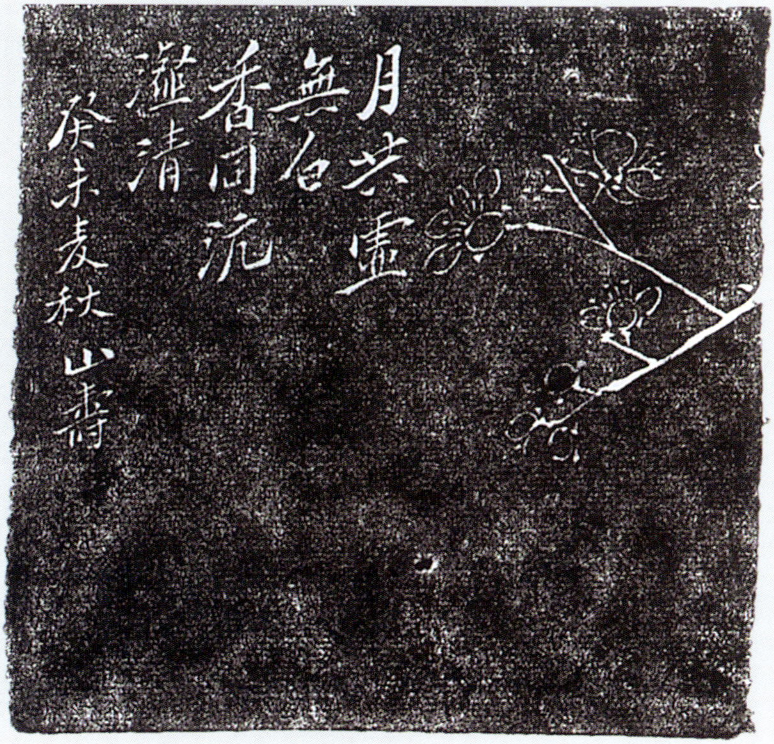
月共盧
無白
香同流
瀣清
癸未麦秋山壽

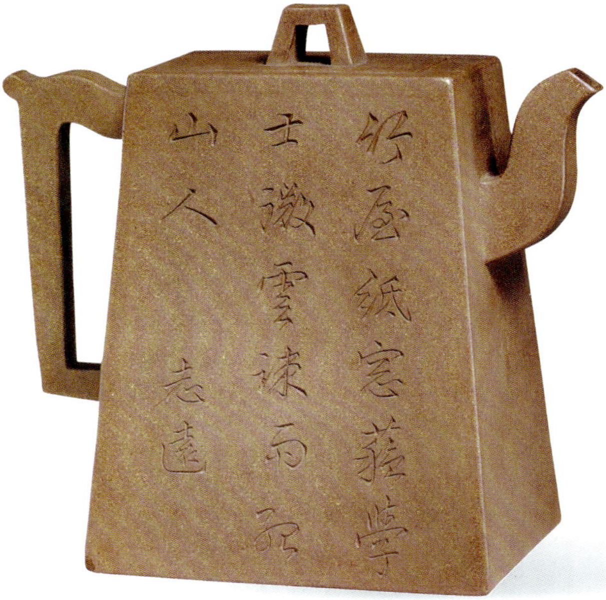

宜兴窑茶熟香温款文字壶　清末

高 13 厘米

口径 5.5×3.5 厘米

底径 9.3×6.7 厘米

故宫博物院

● 长方柱形，盖、钮、流、柄均方形，平底，棱角分明。壶腹正反两面刻诗文装饰。壶底钤篆书“茶熟香温”四字方印。姜黄色砂泥。

●“茶熟香温”款是清道光、咸丰年间制壶名人申锡的印章款。

宜兴窑玉麟款扁圆壶　清末

高 10.7 厘米

口径 8.5 厘米

足径 8.2 厘米

故宫博物院

● 呈饱满圆润的掇球式，平口出唇，盖面结合紧密，盖内阳刻篆书“玉麟”二字款，一短粗弯流置于肩部，与壶整体和谐一致。深紫色砂泥，胎质极细，光素无纹。

宜兴窑玉麟款树瘿壶　清末

高 25 厘米

口径 6.5 × 5.1 厘米

底径 10 厘米

故宫博物院

● 形如老树疙瘩，瘿节满身，枝梗为柄，短流，底随形内凹，瓜蒂盖内钤“玉麟”印章款。造型浑圆敦厚，古朴雅拙，器身仿树皮褶皱与光滑的瓜蒂钮形成鲜明对比。

● 此壶是黄玉麟根据明代文献记载的供春树瘿壶式样重新创制的。

宜兴窑海村铭诗句鸠首壶　清末

高 15.5 厘米
足径 10 厘米
故宫博物院

● 鸠首式，仿青铜器造型，长颈，颈后有椭圆形注水口，圆腹，圈足。黄褐色砂泥，包浆莹润。颈部凸起一道宽弦纹。腹上部镌刻诗句，落款“海村”。

● 海村为清末民初江南文人，擅长在紫砂器上刻字题诗，多与紫砂名匠合作制器。

宜兴窑凸雕山水长方小花盆　清末

高 6.6 厘米

口径 12.7×10 厘米

底径 10×7 厘米

故宫博物院

● 长方口外展，上宽下窄，下承四折角足，平底中部有一出水孔。外壁一面堆绘春江明月图；一面凸印狮子杂宝纹，两侧凸雕铺首。暗红色砂泥。此盆形制小巧，适合栽培微型盆景。

072

江案卿款供春壶　清末

拍品尺寸：长 18.5 厘米

拍卖机构：北京保利

拍品编号：0172

拍卖时间：2011-06-02

成交价：RMB 57,500

073

蒋裕泰款竹坪刻直桶壶　清末

拍品尺寸：长 15 厘米　容积 475 毫升
拍卖机构：北京匡时
拍品编号：2227
拍卖时间：2011-06-07
成交价：RMB 115,000

壶身圆筒形，分内外两层，内层壶胆可取出，内外壶壁间有腔体，注入热水可以保温。壶以紫红色泥制成，形制新颖，设计巧妙，内外胆口严丝合缝，实用美观集为一体。

074

万泉制少山刻太湖石提梁壶　清末

拍品尺寸：高 18 厘米

拍卖机构：北京保利

拍品编号：4335

拍卖时间：2011-12-06

成交价：RMB 92,000

壶圆形，鼓腹，平底。高架三叉提梁相交于壶体上方。圆盖凸起，以太湖石为钮。砂泥呈黄色，质地细润。清中期以后，提梁壶多由单提梁改为双提梁，既增加了壶的稳定性，又体现出壶形的美观。

075

青灰砂净瓶　清末

拍品尺寸：高 29 厘米
拍卖机构：中国嘉德
拍品编号：3319
拍卖时间：2011-05-21
成交价：RMB 69,000

瓶身以青灰砂制成，材质上佳。口盖吻合紧密，圈足起线外撇，给人敦实厚重的感觉。通体修饰整洁，抛光讲究。瓶身鼓腹素雅，颈部修长饰以三弦纹，整器在晚清外销泰国后，经当地磨光及包镶铜饰，颇有异国特色。

076

泥绘寿桃仙草对杯　清末

拍品尺寸：口径 8.5 厘米

拍卖机构：北京保利

拍品编号：4754

拍卖时间：2011-12-06

成交价：RMB 207,000

077

晋砖吟馆款挂瓶　清末

拍品尺寸：高 20.4 厘米
拍卖机构：北京匡时
拍品编号：3063
拍卖时间：2012-12-07
成交价：RMB 287,500

晋砖吟馆晋砖吟馆 - 是历任江西，浙江巡抚，一代清官许应鑅的堂名款．堂名款“晋砖吟馆”。所谓堂名款，就是皇帝，皇亲，达官显贵，文人雅士等在定制的瓷器上书写自己的堂名，斋号，年号等。堂名款自明嘉靖大量出现，延续，流行。至清前，中期较为普遍。道光以后堂名款则大为减少，可能因战乱原因，社会不稳定之因素。

20世纪

20世纪紫砂在造型艺术和装饰工艺上空前繁荣，工艺美术大师、壶艺家们在继承传统的基础上，恢复了许多渐趋失传的壶式，还创烧了一千多个新产品。几何形壶、自然形壶及小型壶等大量出现，用泥扩充到包含红泥、梨皮泥等十多种，纹饰上也有诸多新工艺产生，有浅浮雕、印花、贴花及金银丝镶嵌等。

紫砂壶艺发展至今已成为一种工艺特殊、风格高雅的集工艺和实用于一体的，极具民族风格的综合性艺术门类。

民国时期（1912—1949 年）

（1）造型与装饰

这一时期的紫砂器大体继承晚清传统，并有大量仿制明清茗壶的作品出现。其中，以曼生壶为主流，但其整体风格增加了些许工匠气，而减少了一些文人气，可视为曼生壶的世俗化。陶刻装饰的水平有所提高，内容有山水、花鸟等。另外，由于当时崇尚复古，所以紫砂装饰常引入秦汉瓦当、汉泉及西周彝器铭文的拓本。

这里需要指出的是，为了满足国内外迅速增长的需求，紫砂器的销售量快速增加，紫砂器的艺术水平有下降趋势，但也有少数艺人坚持工艺创作，为紫砂创作做出了贡献。

（2）泥料

由于现代工业技术的介入，在基础泥中加入适量着色剂，使其形成许多新的泥种，如墨绿泥、古铜泥、黑料泥等。这些新的泥种，大多色泽鲜亮，使紫砂器更添亮色。另外，各种不同基础泥之间相拼，形成新的泥种，也是这一时期的重要特征，如紫泥和本山绿泥相拼，烧成黄灰浅绿的团砂泥。

（3）款识

紫砂壶上印有店号标记，紫砂壶的生产更为商业化，有的陶器厂甚至刻有英文字样。还有的制壶艺人署款用自己的别名。仿古艺人常在壶底镌刻“大彬”、“陈鸣远”的款或钤印，在盖内或鋬下钤作者小印，表示是仿作。

（4）紫砂名家

朱可心

朱可心，原名朱凯长，“可心”是其艺名，蕴涵着“虚心者，可师也”，“山中一杯水，可清天地心”的寓意。他在创作紫砂器时，善于从自然和生活中汲取灵感和素材，其作品风格浑厚淳朴，深受中外人士喜爱。

建国初期，朱可心作品云龙壶、圆松竹梅壶、松鼠葡萄壶、松竹梅三友壶、如意壶、万寿壶等，都颇受业内人士的好评。20世纪70年代，虽已是古稀之年，但仍不忘创作，并推出多种装饰手法和新形式，备受赞誉。

吴云根

吴云根在创作紫砂时，喜用双色泥表达主体，有相互呼应、色泽和谐之效。常以竹为题材，壶身为竹节，挺拔刚劲；壶把、钮为小竹枝，攀岩舒展，疏密有致，恰到好处地表现了竹的神韵。

吴云根的代表作有提把弧棱壶、双色竹段壶、线云壶等，在海内外享有较高声誉。

程寿珍

程寿珍，字号“冰心道人”，是紫砂制作史上一位勤劳多产的艺人。他的著名代表作品为掇球壶。整个壶形像是三个大小不同的圆球叠垒在一起，造型奇特，稳健丰润，完美端正，曾于1915年荣获太平洋巴拿马国际赛会头等奖。

此外，程寿珍的仿古作品注重线型的对比效果，壶的各个部位，如身、肩、肚、底、盖等，错落均匀，秀丽巧致，堪称大家杰作。

建国初期（1949—1966年）

（1）造型装饰

建国初，紫砂合作社、购销社成立，传统紫砂生产得到恢复，同时还设计出了很多既有民族风格又能体现时代精神的新产品。在装饰手法上，传统的刻划装饰出现了空前繁荣的景象，同时，镶嵌手法脱颖而出，得到长足发展。它在紫砂胎里镶嵌色泥、釉珠等不同质地与色泽的材料，使紫砂作品表现出典雅华贵的风格。

（2）泥料

泥料制备方式发生了较大的变化。1949年前后，出现了用石磨磨制泥粉的方法，到 1958 年，开始用机械（石碾轮）加工。1959 年，开始应用雷蒙粉碎机。

（3）款识

由于紫砂合作社的成立，一些紫砂作品常用合作社名称作为底印，如 1955 年成立的汤渡陶业生产合作社的一个工场生产的紫砂壶，就用“宜兴汤渡陶业生产合作社出品”圆印章作底印。20 世纪 60 年代，出口紫砂底部均为“中国宜兴”四字方印，但没有作者名款。

（4）紫砂名家

顾景舟

顾景舟，当代著名紫砂大师，1915 年生于紫砂陶世家，自幼耳濡目染，再加上其刻苦磨炼，年纪轻轻便练出一手扎实的制作功夫。20 世纪 30 年代，他到上海从事仿古制作，从中接触到了明清两代的诸多名家名作。他创作的仿古品，形神俱似，细部刻划精到，堪称仿古精品。40 年代，他在上海结识了很多著名的书画大家，使其紫砂壶艺与诗书画紧密结合起来。同时，在线条的流畅舒展上下工夫，并注重整壶的和谐秀美和淳朴自然。很快，他便声誉鹊起，成为一代紫砂名家。

50 年代后，他从艺术院校中汲取精华，还结识了很多著名的文学家、科学家、书法家、绘画家。在增添学识，扩大视野的同时，其制壶技艺也在不断提高。

蒋蓉

蒋蓉，1919 年生于宜兴，现代杰出的女性紫砂大家。她擅长制作仿真性的文房雅玩及塑器造型，其构思巧妙，配色精到，做工精细，形象逼真。在其众多作品中，紫砂果品是一亮点，如花生、核桃、瓜子、板栗、荸荠等。在创作实践中，她非常注重作品形象色泽及表面的纹理，五色斑斓的紫砂泥在其中发挥了不可代替的作用。

蒋蓉的代表作品有荷花壶、莲藕酒具等，特别是莲藕酒具，壶身为一段白藕，壶嘴、壶把则由莲叶和莲梗组成，造型逼真，各部分比例设计得恰到好处，色调清新自然，堪称佳品，深受人们的喜爱和欢迎。

徐汉棠

徐汉棠，20世纪50年代曾师从顾景舟学习紫砂创作，是现代一位技艺全面的紫砂大师。他的作品大多线条简洁，轮廓周正，风格雄厚洒脱，内涵丰富，颇有一番独到的艺术魅力。

徐汉棠从艺五十多年，创作了大量的茶壶花盆。60年代为上海盆景协会设计的250种花盆，享有“汉堂盆”的美誉；70年代创作的什锦小水平壶，曾到美国参展，深受海内外人士的赞誉，经久不衰。

文革时期（1966—1976年）

（1）造型与装饰

在造型上，文革前期紫砂壶主要是传统的八方壶、四方壶、直形壶、菊球壶、高狮壶、主鼓壶等。文革后期，壶的造型增多，并涌现出一些新壶形，如肩线壶、迎春壶、竹筒壶、友谊壶、新石桃壶、龙团壶等。

在装饰上，前期文革壶以泥绘装饰为主，陶刻装饰为辅，内容具有较强的时代特征，即在壶上泥绘或镌刻的图案文字大多为样板戏人物、工农兵人物、毛泽东诗词、语录等。文革后期，紫砂壶装饰以陶刻为主，其内容逐渐以品茗的诗句为主。

（2）泥料

文革壶所用泥料较纯，泥性好，塑性大，细而不黏，制出的壶滋润光滑。

（3）款识

文革初期，制壶人大多在壶底或壶盖内刻有自己的楷体阴文方形章。随着文革的逐渐深入，制壶人的名号不常见，只是在壶底刻有其制作时间以及制作地点的字祥。另外，这一时期的紫砂壶款识虽然也有少量艺术性较高，但大多较简单、粗糙、雷同，缺乏艺术性。

改革开放时期（1978 年以后）

（1）造型与装饰

现代壶艺大师引入西方现代雕塑艺术，使其外形变形、夸张、抽象化，即便是一些仿古制品，也只是取其神似，在模仿中有创新。在造型上，强调起伏变化、静中有动的形体结构。

此外，这一时期紫砂器还出现了一种“反传统形体”，即在造型上刻意追求缺损，如缺钮、少把、不见嘴等。这种形体追求表现了自然、朴实、粗犷的美。

在紫砂装饰上，除了金银丝镶嵌等装饰手法极为盛行以外，施泥压光装饰、高温泥彩装饰等新的手法不断涌现出来。前者是先制作好作品的坯体，然后将泥浆堆涂在坯体上，再将表层压光，最后借助明针增加其光滑度；后者是在设计好紫砂作品坯体后，选用泥料，再配以着色剂，经过研磨后制成泥彩，然后将其绘在坯体上，最后经炉窑高温烧制而成。

（2）泥料

这一时期的泥料色泽选配与作品的造型紧密结合在一起，要求“色随形变，形不离色”，注重色块对比产生的效果，体现了现代艺术的组合美。

（3）款识

注重用印的艺术美，并要求与紫砂器的方、圆、几何等造型相协调，强调艺术的平衡与和谐。

（4）紫砂名家

徐维明

徐维明，20 世纪 80 年代在中央工艺美术学院进修，拜工艺美术大师徐汉棠为师，制作功底深厚。他在紫砂创作中对颜色的把握十分精到、独特，强调用色彩强化造型。其作品造型返璞归真，表达了对艺术残缺美的追求，为传统紫砂艺术创作带来的现代气息。

徐维明创作的残竹壶，看上去像是传统紫砂的自然形体，但其实与其完全不同。传统紫砂讲究整壶各个部位的完整性，而残竹壶的壶身、壶把、壶嘴都存在着一定程度上的缺陷，要么高低不平，要么带有裂纹与破损，体现了独特的现代审美风格。

吴光荣

吴光荣，20 世纪 80 年代末就读于南京艺术学院，后就职于中国美术学院。他对紫砂艺术情有独钟，既虚心向传统学习，又具有打破传统的勇气和胆识。他创作的紫砂壶有壶嘴、壶把、壶盖，但却并非传统意义上的紫砂壶，而是多了些许艺术个性，令人称道。

吴光荣的紫砂作品以摔壶为代表，即在掌握好坯体泥性湿度的前提下，借助一定的力度，使坯体变形。他的一系列摔壶作品，形态各不相同，充分体现了现代紫砂的艺术个性。

周定芳

周定芳，20 世纪 80 年代师从工艺美术大师徐秀棠学习紫砂创作。她善于采用变形、夸张的手法突出作品的艺术风格。其造型大多以日常生活中常见的物品为原型，在实际创作中，注重表现被塑造物品的质感。

周定芳的代表作有炉灶壶、木桶壶、随壶等。炉灶壶，灶台石灰斑驳，锅盖也十分粗糙。这种形态上的夸张，使其紫砂作品颇具现代意识。

宜兴窑裴石民款壶

高 8 厘米

口径 13.7 厘米

足径 15.5 厘米

故宫博物院

● 平肩，短直腹，平底。短直流，环柄。盖里钤印篆书“石民”二字。底单方框内篆书“裴石民”三字印章款。紫红色砂泥，细腻光滑。形体简洁，制作工整。

078

裴石民三足传炉壶

拍品尺寸：长 19 厘米

拍卖机构：长风拍卖

拍品编号：0112

拍卖时间：2011-06-21

成交价：RMB 1,725,000

079

裴石民荷花蜜蜂壶

拍品尺寸：长 18 厘米　容积 730 毫升
拍卖机构：北京匡时
拍品编号：2215
拍卖时间：2011-06-07
成交价：RMB 437,000

此壶材质为紫泥。荷叶重叠包裹壶身，饱满圆润，莲蓬作壶盖，上停一只蜜蜂，卷曲的荷叶巧塑成嘴，生动有趣，造型别致。裴石民擅制紫砂茗壶、文房清玩和花果小品，此壶典雅不失灵动，是典型的“裴式”风格。

080

裴石民三色南瓜壶

拍品尺寸：高 13 厘米
拍卖机构：中国嘉德
拍品编号：1671
拍卖时间：2008-04-27
成交价：RMB 313,600

081

裴石民硕瓜壶

拍品尺寸：长 19 厘米　高 12.3 厘米
拍卖机构：北京匡时
拍品编号：3072
拍卖时间：2012-12-07
成交价：RMB 575,000

著录来源：《石民冶陶》第 43 页，上海古籍出版社，2009 年 1 月；《上好紫砂器》第 83 页，上好社，1994 年。

此壶壶形似瓜又似葫芦，直流微曲向上，腰部收紧，腹部及壶底略膨大，造型稳重。壶钮为瓜蒂形状，趣味十足又便于提拿。整体造型稳重却不失轻盈，线条圆润流畅，古朴雅致。

082

裴石民十果件

拍品尺寸：尺寸不一

拍卖机构：北京保利

拍品编号：2306

拍卖时间：2009-11-23

成交价：RMB 89,600

秋风送喜时，百果扑鼻香。裴石民是制作仿生器的好手。这套十果件，充分利用了紫砂材质的独特性，通过仿生的手法制作而成。栗子的光润，核桃的粗糙，荸荠的皮衣，花生的开壳，裴石民都以巧妙的手法展现得栩栩如生。

083

吴云根东坡提梁壶

拍品尺寸：高 17 厘米
拍卖机构：北京保利
拍品编号：3041
拍卖时间：2010-08-02
成交价：RMB 156,800

084

王寅春碗灯壶

拍品尺寸：长 19 厘米
拍卖机构：北京匡时
拍品编号：513
拍卖时间：2010-12-05
成交价：RMB 291,200

以碗灯为形，整体呈饱满有力的圆球状。直流、壶口与平背把手画出一道直线，使左右的流与把虚实对称，壶身和微微隆起的盖上下相应。

085

朱可心肖樱壶

拍品尺寸：长 18 厘米
拍卖机构：长风拍卖
拍品编号：0080
拍卖时间：2011-06-21
成交价：RMB 483,000

086

朱可心桃报春壶

拍品尺寸：高 13 厘米
拍卖机构：中国嘉德
拍品编号：1669
拍卖时间：2008-04-27
成交价：RMB 347,200

087

朱可心双线竹鼓壶

拍品尺寸：高 13.5 厘米　长 26 厘米
拍卖机构：北京保利
拍品编号：2309
拍卖时间：2009-11-23
成交价：RMB 280,000

该壶底为盘状，凹肩，长颈，口盖子母线，虚盖相配。一弯嘴，圆把，桥梁钮，均为竹节式，盖上贴饰竹叶。此壶以竹为形塑造而成，用线条作为壶体的装饰，表达出竹刚柔相济、丰满踏实的意象。

088

朱可心玉笠壶（3件套）

拍品尺寸：壶：长 16.5 厘米
　　　　　杯：长 9 厘米
拍卖机构：北京保利
拍品编号：3929
拍卖时间：2010-06-04
成交价：RMB 672,000

此壶以紫泥为原料，泥料润泽，壶身圆润有形，壶嘴曲环有度，仿佛渔翁鱼竿，垂钓江面。壶把舒适稳定，壶盖疏密有致，壶钮细腻光滑，壶体钮、盖、身筒三点一线，比例协调。远观此壶，壶体线条舒展流畅，匀称柔和，风格清和恬淡，宁静祥和，给人以清静气爽的感觉。统观此壶，形如身着斗笠、蓑衣之翁独钓寒江，令人回味。

089

顾景舟匏瓜壶

拍品尺寸：长 16.5 厘米
拍卖机构：北京保利
拍品编号：3872
拍卖时间：2010-06-04
成交价：RMB 2,240,000

此壶为顾景舟大师的得意之作，常常被引以为经典。壶形似钟稳重沉着，盖与壶身浑然一体，盖的顺着钟形盖面弧度拱起做桥形钮，流向上微屈，力感十足，把则呈大椭圆形，壶底内凹。赤红色泽温和中正，形制朴素敦厚，古雅大方。线条挺拔、流畅。

090

顾景舟笑樱壶

拍品尺寸：高 10 厘米
拍卖机构：北京翰海
拍品编号：0649
拍卖时间：2011-11-17
成交价：RMB 5,002,500

壶身扁圆，壶型由上至下渐收敛至圈足。丰肩束颈，平口出唇，曲流，如意耳形柄。这是顾景舟先生于文革后期七十年代的一大创作，后被称为新一代茶壶艺术界的经典之作。此壶看似平淡无奇，实则对制作者要求极高，丰肩敛腹之比例稍有所差，则底足、流、柄都会随之改变，立时风格迥异。

091

顾景舟神灯壶

拍品尺寸：长 17 厘米
拍卖机构：北京保利
拍品编号：3935
拍卖时间：2010-06-04
成交价：RMB 1,568,000

此壶整体呈饱满有力的扁圆球状。以弯流、壶口与平背把手画出一道直线，使左右的流与把虚实对称，壶身和隆起的盖上下相应。盖的塑成锥状凸起，似添满灯油初燃起的火苗。泥料火候恰到好处，色泽温暖澄和。

092

顾景舟子冶石瓢壶

拍品尺寸：高 16.5 厘米

拍卖机构：北京匡时

拍品编号：558

拍卖时间：2010-12-5

成交价：RMB 2,800,000

093

顾景舟、吴湖帆相明石瓢壶

拍品尺寸：高 8 厘米　宽 18 厘米

拍卖机构：中国嘉德

拍品编号：2444

拍卖时间：2010-05-16

成交价：RMB 12,320,000

094

顾景舟秦权壶

拍品尺寸：长 16.5 厘米
拍卖机构：北京保利
拍品编号：4610
拍卖时间：2011-12-06
成交价：RMB 2,185,000

此壶形似秤砣，以秦始皇统一度量衡时所用称之权为形，而得名“秦权壶”。壶上部收敛，桥形钮顺着钟形盖面弧度拱起。短流向上微曲，环耳形把，形制朴素敦厚，线条流畅规则。

095

顾景舟汉铎壶

拍品尺寸：长 15.5 厘米
拍卖机构：长风拍卖
拍品编号：0078
拍卖时间：2011-06-21
成交价：RMB 6,555,000

此壶泥质温润，壶泥配制亦颇为讲究，质坚砂匀，粗而不糙。造型规整，壶身如钟，平嵌盖，与壶融为一体。柱钮上部置圈线，流直口平，耳把似方。整器亦朴亦雅，亦古亦今，体现了顾景舟大师对紫砂壶的美学追求。

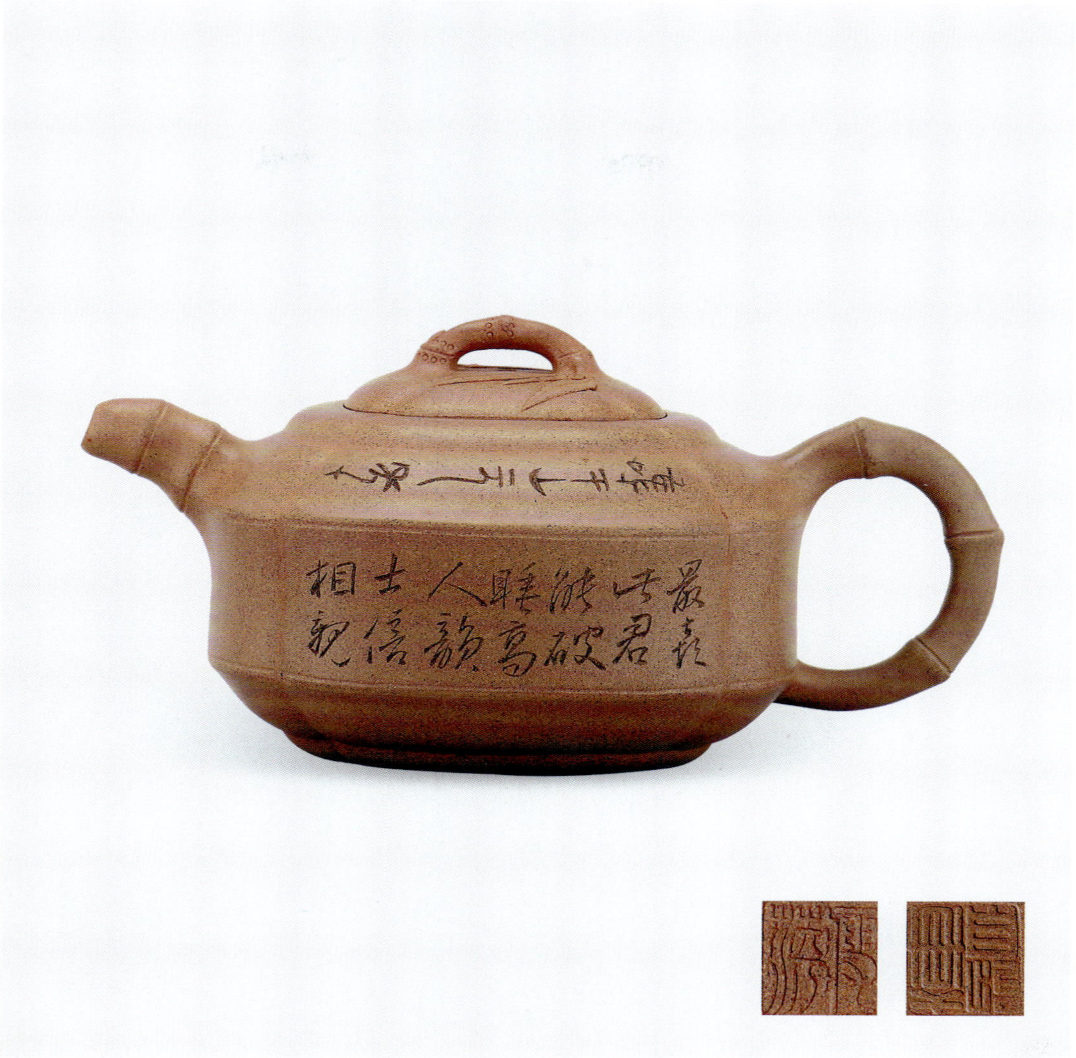

096

顾景舟四方回纹竹壶

拍品尺寸：宽 18 厘米
拍卖机构：北京保利
拍品编号：4612
拍卖时间：2011-12-06
成交价：RMB 4,600,000

此壶为竹形鼓身，壶身双线，呈鼓状，上出斜肩，下腹斜收，饱满有力。壶盖为四方抽角式，竹节形桥式盖钮。此壶器形工整，端庄饱满，古朴凝重。

097

顾景舟八方壶

拍品尺寸：长 16.5 厘米
拍卖机构：北京保利
拍品编号：4611
拍卖时间：2011-12-06
成交价：RMB 4,025,000

098

顾景舟僧帽壶

拍品尺寸：长 15 厘米
拍卖机构：北京保利
拍品编号：3875
拍卖时间：2010-06-04
成交价：RMB 3,136,000

顾景舟制作的僧帽壶把形、质、神发挥得淋漓尽致。此壶轮廓清晰、锋芒内敛，造型上节奏紧凑、浑然一体。各个部分的衔接自然贴切，壶嘴与壶身的连接处、壶颈的肩线线条等细节处都显现出手工艺的趣味和紫砂传统造型艺术的精神。

099

顾景舟、韩美林此乐提梁壶

拍品尺寸：高 15 厘米

拍卖机构：中国嘉德

拍品编号：5164

拍卖时间：2013-05-14

成交价：RMB 8,280,000

著录来源：《紫韵雅玩——中国紫砂精品珍赏》第 184-185 页，天地方圆杂志社，2008 年 10 月。

100

顾景舟牛盖洋桶壶

拍品尺寸：长 16 厘米
拍卖机构：北京保利
拍品编号：3874
拍卖时间：2010-06-04
成交价：RMB 1,176,000

101

顾景舟云肩如意茶具（3 件套）

拍品尺寸：壶：长 18 厘米　容积 420 毫升
　　　　　杯：长 7 厘米　容积 50 毫升

拍卖机构：北京匡时

拍品编号：2177

拍卖时间：2011-06-07

成交价：RMB 10,235,000

102

顾景舟诗文茶具（5 件套）

拍品尺寸：壶：长 15 厘米　容积 550 毫升

杯：长 8.5 厘米　容积 100 毫升

拍卖机构：北京匡时

拍品编号：2176

拍卖时间：2011-06-07

成交价：RMB 9,430,000

103

顾景舟提璧组壶（共 11 件套）

拍品尺寸：尺寸不一

拍卖机构：北京保利

拍品编号：4608

拍卖时间：2011-12-06

成交价：RMB 17,825,000

104

顾景舟扁腹壶

拍品尺寸：高 8.3 厘米
拍卖机构：中国嘉德
拍品编号：5138
拍卖时间：2012-10-30
成交价：RMB 5,980,000

著录来源：《紫砂泰斗顾景舟》第 27 页，上海古籍出版社，2004 年 9 月；《紫韵雅玩——中国紫砂精品珍赏》第 196 页，天地方圆出版社，2008 年 10 月；《景舟壶艺流别录》第 3 页，上海古籍出版社，2004 年 12 月；《中国工艺美术大师顾景舟》第 92-93 页，江苏美术出版社，2010 年 7 月。

105

顾景舟墨绿泥矮八方壶

拍品尺寸：长 17 厘米　高 9 厘米
拍卖机构：北京匡时
拍品编号：0275
拍卖时间：2012-06-03
成交价：RMB 2,875,000

此壶以纯色墨绿泥为胎，为泥料创新探索之作。壶体为扁八方体，线条挺拔流畅，方中藏圆，造型成熟大气，饱含通达气度。

106

顾景舟藏六方壶

拍品尺寸：长 19.5 厘米　高 9.5 厘米

拍卖机构：北京匡时

拍品编号：3163

拍卖时间：2012-12-07

成交价：RMB 3,450,000

著录来源：《紫砂泰斗顾景舟》第 145 页，上海古籍出版社，2004 年 9 月。

此六方壶以纯色紫泥制作，筋纹线自壶钮倾斜至足部，贯通流畅，线条起伏依壶而变，富有动感。

107

顾景舟木瓜壶

拍品尺寸：长 20 厘米　高 11 厘米
拍卖机构：北京匡时
拍品编号：3161
拍卖时间：2012-12-07
成交价：RMB 1,495,000

此壶仿木瓜造型，壶体为木瓜，壶把、壶流为果树质押，结疤分布其上，似天然形成。以木瓜叶为壶盖，盖钮为叶柄，方便提拿。以陶刻叶片及铭文做装饰，天然趣味兼具文雅品位。

108

蒋蓉荷叶壶

拍品尺寸：长 18.5 厘米
拍卖机构：北京保利
拍品编号：3878
拍卖时间：2010-06-04
成交价：RMB 302,400

以两片荷叶自然合成，壶嘴由一新荷巧然生出，取荷梗作壶把，嫩叶作壶盖，一派盎然生机。

109

蒋蓉牡丹壶

拍品尺寸：高 12 厘米　长 20 厘米

拍卖机构：北京保利

拍品编号：2318

拍卖时间：2009-11-23

成交价：RMB 392,000

此壶运用多种紫砂工艺技法制作而成，以大红牡丹花朵为壶身，花蕊侧瓣开出嵌盖，严密规整，天衣无缝。茎顶生花，茎上生叶，茎下接干，分瓣老杆新枝做壶把。“三叉九顶”的牡丹嫩叶成壶嘴。以黄色彩蝶做钮，倍增情趣。

110

蒋蓉牡丹壶

拍品尺寸：长 19.3 厘米

拍卖机构：北京保利

拍品编号：3002

拍卖时间：2010-08-02

成交价：RMB 806,400

III

蒋蓉百果壶

拍品尺寸：高 10 厘米

拍卖机构：中国嘉德

拍品编号：1666

拍卖时间：2008-04-27

成交价：RMB 280,000

112

蒋蓉万寿桩壶

拍品尺寸：长 16 厘米
拍卖机构：北京保利
拍品编号：3877
拍卖时间：2010-06-04
成交价：RMB 224,000

取一截树桩为壶体，壶口掩藏在年轮中，精妙自然。壶纽为一神态专注的蛤蟆。蒋蓉大师善于以艺术手法化丑为美，其中对蛤蟆的表现最为典型。她细心观察，捕捉蛤蟆神态中的憨拙沉稳，让人不觉其丑，感受到的只有沉着而勇敢的生命。

113

蒋蓉石榴树蛙壶

拍品尺寸：长 13.5 厘米
拍卖机构：北京保利
拍品编号：3876
拍卖时间：2010-06-04
成交价：RMB 896,000

此壶以一截石榴树如立起的扁鼓作为壶身，一只大蛤蟆攀伏作为壶把，大石榴成的子。装饰的重点皆于壶的上半部，俯视面极为丰富，而正视面上疏密有致的年轮及壶身独特的轮廓另成妙处，使此壶局部雕琢和整体布局相互烘衬，既自然又有情趣。

114

蒋蓉、范曾莲藕倒流壶

拍品尺寸：高 21.5 厘米　长 17 厘米

拍卖机构：北京保利

拍品编号：2335

拍卖时间：2009-11-23

成交价：RMB 1,344,000

此壶蒋蓉制作，范曾绘画书法，堪称紫砂书画艺术界两位泰斗级人物的天作之合。

115

蒋蓉莲藕倒流壶

拍品尺寸：长 20.8 厘米

拍卖机构：长风拍卖

拍品编号：0033

拍卖时间：2011-06-21

成交价：RMB 1,150,000

116

蒋蓉笔筒（3 件）

拍品尺寸：竹：高 11.5 厘米　松：高 8.5 厘米　梅：高 8.5 厘米

拍卖机构：北京保利

拍品编号：2319

拍卖时间：2009-11-23

成交价：RMB 112,000

117

蒋蓉随身砚

拍品尺寸：长 11.3 厘米

拍卖机构：北京保利

拍品编号：3828

拍卖时间：2010-06-04

成交价：RMB 20,160

118

蒋蓉乌龟水滴

拍品尺寸：长 9.5 厘米

拍卖机构：北京保利

拍品编号：3827

拍卖时间：2010-06-04

成交价：RMB 58,240

119

蒋蓉蛤蟆捕虫水盂

拍品尺寸：长 12 厘米
拍卖机构：北京匡时
拍品编号：560
拍卖时间：2010-12-05
成交价：RMB 761,600

此水盂以树桩作壶身，深刻的年轮言说意境之悠远；侧枝作嘴，壶嘴斜下方静卧一只小虫；蛤蟆作柄，蓄势待发。两物栩栩如生，一静一动，饶有兴致。底部有“蒋蓉”小方章，蛤蟆下方钤“蒋”“蓉”。作者一生同类作品仅 3 件。

徐汉棠掇只壶

故宫博物院

● 壶质地优良，色泽纯正，造型简洁端庄，手法干净利落，显现出优雅的线条之美。

120

徐汉棠掇只壶

拍品尺寸：长 14.5 厘米
拍卖机构：北京保利
拍品编号：2985
拍卖时间：2010-08-02
成交价：RMB 56,000

121

徐汉棠仿古壶

拍品尺寸：长 19 厘米

拍卖机构：北京保利

拍品编号：2986

拍卖时间：2010-08-02

成交价：RMB 56,000

122

徐汉棠匏尊壶

拍品尺寸：高 11 厘米　长 17 厘米
拍卖机构：北京保利
拍品编号：2321
拍卖时间：2009-11-23
成交价：RMB 112,000

该壶壶盖与壶口各自有线，壶盖合上后上下又浑圆一体，而无繁复之虞，充分体现了紫砂的妙用。整器线条流畅，壶身挺括饱满，丰润敦厚。

123

徐汉棠、韩天衡刻划秦权壶

拍品尺寸：长 16 厘米

拍卖机构：长风拍卖

拍品编号：0049

拍卖时间：2011-06-21

成交价：RMB 862,500

124

徐汉棠均玉壶

拍品尺寸：高 9.3 厘米
拍卖机构：北京翰海
拍品编号：0646
拍卖时间：2011-11-17
成交价：RMB 195,500

125

徐汉棠四方壶

拍品尺寸：长 18 厘米　容积 610 毫升

拍卖机构：北京匡时

拍品编号：2152

拍卖时间：2011-06-07

成交价：RMB 517,500

126

徐汉棠四方开片冰纹壶

拍品尺寸：高 12 厘米

拍卖机构：中国嘉德

拍品编号：1667

拍卖时间：2008-04-27

成交价：RMB 134,400

127

徐汉棠菱花提梁壶

拍品尺寸：长 17.5 厘米
拍卖机构：北京匡时
拍品编号：0571
拍卖时间：2010-12-05
成交价：RMB 392,000

菱花线条由盖中心向壶底延伸，筋囊规整协调，上下相应，盖缘亦作菱花形，使壶正视、俯视皆为盛开的菱花。扁方状壶身配以高提梁，虚实相应显得挺括有神，下有足撑起更为轻盈。流顺提梁转折向上，流畅典雅。

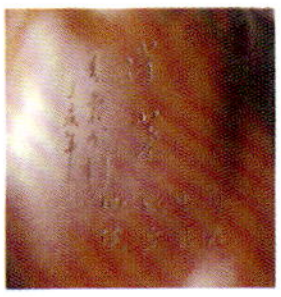

徐秀棠蓬莱

故宫博物院

● 蓬莱的创意灵感来自于唐代大诗人卢仝的著名诗篇《七碗茶诗》："……惟觉两腋习习清风生，蓬莱山在何处，玉川子乘此清风欲归去……"两腋生风，欲上蓬莱仙境，意为茶仙通灵，是品饮的最高境界。

● 作者大胆地运用想象的空间对传统题材进行拓展，通过人物飘然欲起的缓缓动态引起人们对品茗仙境的虔诚向往和无限情思。作者凭借娴熟的紫砂雕塑功底和深厚的传统文化素养精彩地诠释了一个既传统又现代，耐人寻味的艺术形象。

128

徐秀棠皮包壶

拍品尺寸：高 8.2 厘米

拍卖机构：中国嘉德

拍品编号：5131

拍卖时间：2012-10-30

成交价：RMB 161,000

129

徐秀棠神鸟壶

拍品尺寸：高 10.5 厘米

拍卖机构：中国嘉德

拍品编号：5132

拍卖时间：2012-10-30

成交价：RMB 149,500

130

徐秀棠天灵壶

拍品尺寸：高 13 厘米
拍卖机构：北京保利
拍品编号：2987
拍卖时间：2010-08-02
成交价：RMB 61,600

131

徐秀棠十一面观音

拍品尺寸：高 67 厘米

拍卖机构：北京匡时

拍品编号：2228

拍卖时间：2013-06-04

成交价：RMB 747,500

著录来源：《当代紫砂群英》第 34 页，台北盈记唐人工艺出版社，2011 年 5 月；《宜兴紫砂珍赏》第 225 页，远东图书公司，1992 年 1 月。

132

徐秀棠观音像

拍品尺寸：高 28 厘米
拍卖机构：中国嘉德
拍品编号：1679
拍卖时间：2008-04-27
成交价：RMB 112,000

133

徐秀棠饮八仙

拍品尺寸：高 29.5 厘米

拍卖机构：长风拍卖

拍品编号：0050

拍卖时间：2011-06-21

成交价：RMB 230,000

134

徐秀棠刘海戏金蟾

拍品尺寸：长 22.5 厘米　高 17.5 厘米

拍卖机构：北京匡时

拍品编号：3125

拍卖时间：2012-12-07

成交价：RMB 149,500

135

徐秀棠济公像

拍品尺寸：高 40 厘米　宽 48 厘米

拍卖机构：长风拍卖

拍品编号：0053

拍卖时间：2011-06-21

成交价：RMB 218,500

李昌鸿青玉四方壶

故宫博物院

● 此壶借古代青铜钟鼎之造型为壶体，借新石器时代红山文化玉鱼、玉龙变化为壶流、柄，取良渚文化玉琮变化为壶盖钮。下部饰青铜装饰格调的三条凹线。壶上部刻钟鼎篆文、甲骨体的联句，砂泥取底槽紫泥，经久使用，质似金石，敦厚周正，显汉唐古韵。

136

李昌鸿四方绞泥壶

拍品尺寸：宽 11.5 厘米　长 13.5 厘米
拍卖机构：北京保利
拍品编号：2331
拍卖时间：2009-11-23
成交价：RMB 106,400

此壶用红润的紫泥与黑泥绞成行云流水般的花纹，用泥片相接成型，不留半点相接之痕，气势磅礴，对比鲜明，色泽莹润。

谭泉海江南春壶

故宫博物院

● 壶以江南山水为主题，造型凸显江南特有的人文景观——小桥、流水、人家，壶身一面刻唐代大诗人白居易的《忆江南》，另一面精刻江南山水画面。

137

谭泉海江南春壶

拍品尺寸：长 19.5 厘米
拍卖机构：长风拍卖
拍品编号：0039
拍卖时间：2011-06-21
成交价：RMB 138,000

吕尧臣伏羲壶
故宫博物院

● 作品以西方人体艺术的新锐视角，结合伏羲与女娲的美丽传说，以敏感的选题和灵动的艺术触觉给人一种传统以外的惊艳。作品泥色均匀，色泽协调，技巧娴熟，直指人类繁衍生息的主题，如清莲之纯洁，超凡脱俗。

138

吕尧臣、唐云、许四海沪上三友壶

拍品尺寸：长 15 厘米

拍卖机构：长风拍卖

拍品编号：0064

拍卖时间：2011-06-21

成交价：RMB 920,000

139

吕尧臣熊猫壶

拍品尺寸：长 5 厘米
拍卖机构：北京匡时
拍品编号：554
拍卖时间：2010-12-05
成交价：RMB 392,000

熊猫壶是为北京亚运会选送的吉祥壶。圆胖壶身为熊猫身，盖为熊猫可爱的脸，短嘴为竹，把手亦塑成弯曲的竹节。流旁的壶身上饰有熊猫短胖小手捉着竹叶，憨厚有趣。

140

吕尧臣素心壶

拍品尺寸：高 11 厘米　长 16 厘米
拍卖机构：北京保利
拍品编号：2320
拍卖时间：2009-11-23
成交价：RMB 392,000

141

吕尧臣草原之夜壶

拍品尺寸：长 15.5 厘米

拍卖机构：北京保利

拍品编号：2981

拍卖时间：2010-08-02

成交价：RMB 358,400

142

吕尧臣回娘家壶

拍品尺寸：长 7.5 厘米

拍卖机构：长风拍卖

拍品编号：0063

拍卖时间：2011-06-21

成交价：RMB 517,500

143

吕尧臣贵妃出浴壶

拍品尺寸：长 16 厘米

拍卖机构：长风拍卖

拍品编号：0062

拍卖时间：2011-06-21

成交价：RMB 414,000

144

吕尧臣秦权壶

拍品尺寸：长 15 厘米

拍卖机构：长风拍卖

拍品编号：0061

拍卖时间：2011-06-21

成交价：RMB 402,500

145

吕尧臣井中蛙茶具

拍品尺寸：长 13.5 厘米　高 7 厘米
拍卖机构：北京匡时
拍品编号：3152
拍卖时间：2012-12-07
成交价：RMB 690,000

此壶壶体为井栏形，饰以冰裂纹及陶刻，似一斑驳古井，嵌入式壶盖及环钮增加沉重感。杯体饰冰裂纹，杯内各有一只蹲坐小蛙。整套器具诠释了作者从艺不可故步自封，要放眼世界，突破自我的主题。

146

吕尧臣绞泥华轻壶

拍品尺寸：长 17.5 厘米　容积 250 毫升

拍卖机构：北京匡时

拍品编号：2150

拍卖时间：2011-06-07

成交价：RMB 575,000

周桂珍集玉壶

故宫博物院

● 壶身由圆形、半圆形、凸凹线与直线结合，自下而上反复出现，形成连贯动感节奏。流、柄浮雕玉龙玉凤的形象，钮似玉鱼跃出水面，灵动得体。壶体结构复杂，紧凑严密，和谐统一，加之做工精细，很好地凸显了紫砂温润似玉的特点，因其集玉器造型的诸多因素而取名为“集玉壶”。

● 此壶由高海庚设计。

147

周桂珍单圈环龙三足壶

拍品尺寸：长 17.5 厘米　高 11.5 厘米
拍卖机构：北京匡时
拍品编号：0268
拍卖时间：2012-06-03
成交价：RMB 437,000

著录来源：《紫韵雅玩——中国紫砂精品珍赏》第 284 页，天地方圆杂志社，2008 年 10 月；《宜兴紫砂珍赏》第 239 页，远东图书公司，1992 年 1 月。

此壶以纯色段泥为料，三足托起扁圆形壶体，呈鼎立之态，饱满稳重。壶嘴挺拔有力，与壶体衔接线条流畅，与壶体草书书法铭文气势贯通。壶盖的玉环钮部与壶把龙头呼应，乃是设计中的画龙点睛之笔。

148

周桂珍醒狮壶

拍品尺寸：长 19 厘米

拍卖机构：北京保利

拍品编号：2979

拍卖时间：2010-08-02

成交价：RMB 100,800

149

周桂珍成音大彬壶

拍品尺寸：长 23 厘米
拍卖机构：北京匡时
拍品编号：563
拍卖时间：2010-12-05
成交价：RMB 862,400

成音壶为当代文人与艺人合作的典范之作，由周桂珍大师制壶，海上书画大师程十发作画，韩天衡题词，篆刻家杨柳海陶刻。古时即有“字随壶传，壶随字贵”之说。一件精美的紫砂作品，因文人的参与起到了锦上添花之效，也使作品更具艺术品位。此成音壶仅两把，本品为其中之一。

150

周桂珍、冯其庸汉鼓圈盖壶

拍品尺寸：长 18.5 厘米
拍卖机构：北京保利
拍品编号：3890
拍卖时间：2010-06-04
成交价：RMB 246,400

该壶通体以直线组成，造型比例准确，口盖紧密平整，壶流直挺圆润，线条利落，气势挺拔，力度透彻。通过线、面的处理，呈现出挺健利落的壶韵。壶身有冯其庸书东坡诗句和诗意图。

151

周桂珍、冯其庸、徐秀棠回纹双圈壶

拍品尺寸：长 17 厘米　容积 330 毫升

拍卖机构：北京匡时

拍品编号：2160

拍卖时间：2011-06-07

成交价：RMB 552,000

此壶呈腰鼓状，环形把长而垂，口盖紧密平整，壶流直挺圆润，线条利落，气势挺拔，力度透彻。壶体铭文由冯其庸书，徐秀棠刻。

152

周桂珍绿砂碗灯壶

拍品尺寸：长 16 厘米

拍卖机构：长风拍卖

拍品编号：0054

拍卖时间：2011-06-21

成交价：RMB 172,500

153

周桂珍梅花提梁壶

拍品尺寸：长 18.5 厘米　高 15.5 厘米
拍卖机构：北京匡时
拍品编号：0269
拍卖时间：2012-06-03
成交价：RMB 437,000

著录来源：《周桂珍紫砂精品集》第 215 页，天津人民美术出版社，2001 年 5 月。

此壶为扁圆形，壶体光洁莹润，线条流畅自然，弯曲的梅枝提梁与壶体梅花和壶流梅枝相映成趣，大方秀雅，形神兼备。

154

周桂珍韵竹提梁

拍品尺寸：长 15.5 厘米　高 13.5 厘米

拍卖机构：长风拍卖

拍品编号：0057

拍卖时间：2011-06-21

成交价：RMB 690,000

155

周桂珍三线提梁壶

拍品尺寸：长 15 厘米
拍卖机构：北京保利
拍品编号：3889
拍卖时间：2010-06-04
成交价：RMB 145,600

此壶嵌盖式，盖面穹起，钮呈下细柱上圆饼形，长曲流从壶身延伸飞翘出来，线条挺括。器身饱满，不饰雕琢，仅以下部三道打洼的凹道为装饰，然后逐渐上收，合理的空间分割使整把壶看起来犹如一个有机的整体。提梁的曲度构成的虚空间与壶体的实体空间保持一种虚实相生而又异曲同工之感。

156

周桂珍大曼生提梁壶

拍品尺寸：高 31 厘米
拍卖机构：北京匡时
拍品编号：565
拍卖时间：2010-12-05
成交价：RMB 1,232,000

段泥制作，形式十分简洁，题铭十分贴切，因为以壶的造型看，既可供水也可供酒，饮者同样可学仙可学佛，人生的洒脱在提梁壶的简洁形式中表达，同时又在段泥的温雅色泽中透露出浓浓的儒雅书卷气息。

汪寅仙神鸟出林壶

故宫博物院

- 壶身壶柄为椭圆球体，壶流似鸟头，壶身和壶柄之间通过上下不等的虚幻空间使神鸟展翅舒展自然得体。
- 此壶构思简练、概括、形象，线条挺括而生动，自然流畅，提握舒适。在艺术上达到了取其势、提其形、表其神的视觉效果，是富有创新精神的观赏茗壶。

157

汪寅仙丰衣足食壶

拍品尺寸：长 19.5 厘米
拍卖机构：北京保利
拍品编号：4550
拍卖时间：2011-12-06
成交价：RMB 977,500

丰衣足食壶以夸张的葡萄为壶体，丰满圆润，以捏塑的枝藤为嘴錾。壶身藤叶茂盛，葡萄悬挂，松鼠嬉戏其间，是自然美的缩影。

158

汪寅仙西瓜壶

拍品尺寸：长 18.3 厘米

拍卖机构：北京保利

拍品编号：2982

拍卖时间：2010-08-02

成交价：RMB 358,400

159

汪寅仙墨绿扁南瓜壶

拍品尺寸：高 9.5 厘米
拍卖机构：中国嘉德
拍品编号：1672
拍卖时间：2008-04-27
成交价：RMB 156,800

160

汪寅仙夔龙青铜纹四足壶

拍品尺寸：长 20 厘米　容积 820 毫升
拍卖机构：北京匡时
拍品编号：2174
拍卖时间：2011-06-07
成交价：RMB 1,322,500

夔龙图案的壶造型古朴大方，轮廓周正，色泽雅致，嘴、把、盖、滴、口装饰集中国古代青铜器及玉器装饰手法，古色古香供陈设及使用，是显示紫砂技艺力度的典雅之作。

161

汪寅仙夔龙供春壶

拍品尺寸：长 19 厘米
拍卖机构：北京保利
拍品编号：3851
拍卖时间：2010-06-04
成交价：RMB 224,000

此供春壶在继承古壶的质朴稚趣的同时，以银杏叶为壶盖，叶梗上趴着一条既灵气生动又憨态可掬的夔龙，与前人作品相比，更有逸趣，更富生机。

162

汪寅仙绿泥夔龙供春壶

拍品尺寸：长 18 厘米　容积 485 毫升
拍卖机构：北京匡时
拍品编号：2173
拍卖时间：2011-06-07
成交价：RMB 667,000

此壶采用产量稀少的绿泥制作，将古银杏树的瘿节捏塑成整个壶形，生动别致。

163

汪寅仙蝉衣斑竹壶

拍品尺寸：长 20 厘米

拍卖机构：长风拍卖

拍品编号：0068

拍卖时间：2011-06-21

成交价：RMB 2,300,000

164

汪寅仙铁梅壶

拍品尺寸：长 21 厘米
拍卖机构：北京匡时
拍品编号：557
拍卖时间：2010-12-05
成交价：RMB 571,200

为当代紫砂花货大师汪寅仙1991年制作，选优质拼紫泥，色紫质纯。壶身取梅桩为题，表达苍老遒劲之感，把手以梅枝、梅花连接壶身，娇嫩的梅花和老辣的梅桩形成强烈的对比，寓“枯木逢春”之意，透露着勃勃生机。整体造型构思大胆、独特，把梅花傲霜斗雪、凌寒独放的铮铮铁骨，表达得淋漓尽致。

165

汪寅仙九龙柏壶

拍品尺寸：高 14.5 厘米　宽 13.5 厘米
拍卖机构：北京保利
拍品编号：2312
拍卖时间：2009-11-23
成交价：RMB 280,000

作品以植于明嘉靖年间，位于天坛皇穹宇西北垣外的九龙柏为原型创作而成。九龙柏树高逾 10 米，青针翠叶，虬枝铜柯，树干有纵向褶皱，将树身分为九股，扭曲缠绕，宛如九龙盘旋。汪寅仙把古树的造型移植于紫砂壶上，通过塑、捏、堆、镂等传统花器技法把九龙柏古朴苍润、沟壑密布的树干表现得淋漓尽致。

166

汪寅仙曲壶

拍品尺寸：高 16.2 厘米
拍卖机构：中国嘉德
拍品编号：1673
拍卖时间：2008-04-27
成交价：RMB 336,000

“曲壶”的创作突破了紫砂壶艺的传统规律，是现代设计理念在传统紫砂陶艺中的体现。作品的形象来源于蜗牛，整个壶体只用一条涡线贯穿。壶身与壶嘴、壶鋬结合，形成的整体既有线的变化，又有面的变化，线面的结合协调、柔和、变化又统一。整个壶体静中有动，动中有动，壶嘴和提梁内部形成的虚空间对比性强，更显示壶体的轮廓美和韵律美。

167

汪寅仙曲壶

拍品尺寸：高 16.6 厘米

拍卖机构：北京荣宝

拍品编号：1548

拍卖时间：2010-11-14

成交价：RMB 1,680,000

168

汪寅仙曲壶

拍品尺寸：高 16.5 厘米　长 21 厘米
拍卖机构：长风拍卖
拍品编号：0067
拍卖时间：2011-06-21
成交价：RMB 2,300,000

169

汪寅仙、谭泉海双竹提梁壶

拍品尺寸：长 11.5 厘米

拍卖机构：长风拍卖

拍品编号：0069

拍卖时间：2011-06-21

成交价：RMB 1,092,500

170

汪寅仙、范曾滔瓜提梁壶

拍品尺寸：高 20 厘米

拍卖机构：北京保利

拍品编号：4537

拍卖时间：2011-12-06

成交价：RMB 1,495,000

171

汪寅仙斑竹提梁壶

拍品尺寸：长 19 厘米　容积 600 毫升

拍卖机构：北京匡时

拍品编号：2175

拍卖时间：2011-06-07

成交价：RMB 2,932,500

172

汪寅仙茶具（9件套）

拍品尺寸：壶：长 19 厘米　杯：长 9.5 厘米

拍卖机构：长风拍卖

拍品编号：0066

拍卖时间：2011-06-21

成交价：RMB 1,610,000

173

何道洪大韵壶

拍品尺寸：长 18 厘米
拍卖机构：长风拍卖
拍品编号：0076
拍卖时间：2011-06-21
成交价：RMB 1,495,000

174

何道洪四季如意壶

拍品尺寸：高 8 厘米
拍卖机构：中国嘉德
拍品编号：5078
拍卖时间：2012-10-30
成交价：RMB 862,500

175

何道洪聚丰壶

拍品尺寸：高 10.5 厘米

拍卖机构：中国嘉德

拍品编号：5041

拍卖时间：2013-05-14

成交价：RMB 1,265,000

176

何道洪碧液壶

拍品尺寸：长 10 厘米
拍卖机构：长风拍卖
拍品编号：0075
拍卖时间：2011-06-21
成交价：RMB 1,058,000

壶作圆球式，配件亦然，搭配细致简洁的胎身，予人光洁玉润之感，壶肩以嵌泥手法，书有“碧液温馨”四字隶书。

177

何道洪、范曾寓圆壶

拍品尺寸：长 18 厘米
拍卖机构：北京保利
拍品编号：4540
拍卖时间：2011-12-06
成交价：RMB 1,667,500

178

何道洪报春壶

拍品尺寸：长 21 厘米
拍卖机构：长风拍卖
拍品编号：0070
拍卖时间：2011-06-21
成交价：RMB 632,500

179

何道洪合桃壶

拍品尺寸：长 20 厘米

拍卖机构：长风拍卖

拍品编号：0072

拍卖时间：2011-06-21

成交价：RMB 2,530,000

180

何道洪米匝壶

拍品尺寸：长 7.5 厘米
拍卖机构：长风拍卖
拍品编号：0074
拍卖时间：2011-06-21
成交价：RMB 805,000

何道洪早期作品。口盖平整，线条清晰，轮廓周正，有珠圆玉润之感。属把玩收藏之珍品。

181

何道洪、刘一闻集思壶

拍品尺寸：高 26.5 厘米　长 26 厘米
拍卖机构：长风拍卖
拍品编号：0077
拍卖时间：2011-06-21
成交价：RMB 7,475,000

此壶泥料采用黄龙山原矿老泥，色泽淳厚。壮实圆挺的身筒，大方敦厚的壶盖上顶一颗圆润的壶的，软耳式把手，上强下弱，有起有落，翘首长脖的壶嘴，静贴身筒，稳居一侧，呈现出壶的庄重、成熟。

182

何道洪小松壶

拍品尺寸：长 13 厘米
拍卖机构：长风拍卖
拍品编号：0073
拍卖时间：2011-06-21
成交价：RMB 1,610,000

一截松干为壶，黑色粗皮纹路，去皮露骨处为段泥调砂，相映成趣。绿松果、褐松果、翠色针叶疏松散落于壶上，鲜活巧妙、生意盎然。

183

何道洪圣珠提梁壶

拍品尺寸：长 16 厘米　容积 525 毫升

拍卖机构：北京匡时

拍品编号：2170

拍卖时间：2011-06-07

成交价：RMB 1,725,000

184

何道洪梅竹双清提梁壶

拍品尺寸：高 16.5 厘米　长 15 厘米
拍卖机构：北京保利
拍品编号：342
拍卖时间：2009-11-23
成交价：RMB 896,000

该壶以梅与竹为元素组合而成。以竹的造型为流、提梁，在壶盖和壶面上塑梅形为装饰，苍劲的梅枝间，星星点点梅花傲然独放。整个器具给人一种雅致清绝之感。

185

何道洪松风组合茶具

拍品尺寸：长 21 厘米

拍卖机构：北京匡时

拍品编号：2171

拍卖时间：2011-06-07

成交价：RMB 1,725,000

186

鲍仲梅金蟾戏水器（2件套）

拍品尺寸：直径 12.5 厘米　长 8.5 厘米

拍卖机构：长风拍卖

拍品编号：0002

拍卖时间：2011-06-21

成交价：RMB 109,250

顾绍培松云壶

故宫博物院

● 壶以黄山群峰之浩然、云头名松之精气形象地表达了对人类高贵品德的崇拜之情。造型气度非凡，技法精炼。

187

顾绍培福茗壶

拍品尺寸：长 6.3 厘米
拍卖机构：北京保利
拍品编号：3894
拍卖时间：2010-06-04
成交价：RMB 201,600

此福茗壶为顾绍培大师之佳作，其造型“圆、稳、匀、正”，壶之口、的、盖、肩、把、流、腰的配置比例匀称流畅，协调和谐，极其文雅。

“福泉壶”，芥茶专用壶，即芥茗壶，属近期新作。该作品以古阳羡、龙背山域、芥涧溪流、鹁卵灵石之形态作为创意原本。壶体造型似玉，天然陶润茶香，能具宜茗宜品之优良功能，是阳羡佳茗——芥茶的绝配伴侣。

188

顾绍培华颖壶

拍品尺寸：高 11 厘米　长 11.5 厘米
拍卖机构：北京保利
拍品编号：2329
拍卖时间：2009-11-23
成交价：RMB 106,400

该壶造型圆润充实，以曲线构成主体形式，自壶钮、盖、身、底角，均通过柔性的曲线，呈现出球形大小均衡适度的节奏感。一弯嘴，圈把，截盖与口吻合，扁钮至脚线，与壶身紧密呼应，具有很强的形式美感。

189

顾绍培大福君壶

拍品尺寸：长 19.6 厘米
拍卖机构：北京保利
拍品编号：3001
拍卖时间：2010-08-02
成交价：RMB 268,800

190

顾绍培璧泉壶

拍品尺寸：高 9 厘米　长 16 厘米

拍卖机构：长风拍卖

拍品编号：0008

拍卖时间：2011-06-21

成交价：RMB 149,500

191

顾绍培虎卧凤阁壶

拍品尺寸：高 10.5 厘米

拍卖机构：北京保利

拍品编号：3852

拍卖时间：2010-06-04

成交价：RMB 392,000

此作品以石瓢为原型，加以改变，三弯壶流，呈凤首状，壶把则成凤尾，壶盖上卧有一虎，寓意“虎卧凤阁，鱼跃龙门”。此壶是顾绍培先生 1997 年应中国台湾朋友所制的三把壶之一，弥足珍贵。

192

顾绍培六方雪华壶

拍品尺寸：长 18 厘米

拍卖机构：长风拍卖

拍品编号：0009

拍卖时间：2011-06-21

成交价：RMB 448,500

193

顾绍培高风亮节壶

拍品尺寸：长 14 厘米　容积 480 毫升

拍卖机构：北京匡时

拍品编号：2165

拍卖时间：2011-06-07

成交价：RMB 1,437,500

194

顾绍培怀宝壶

拍品尺寸：长 9.5 厘米　容积 175 毫升

拍卖机构：北京匡时

拍品编号：2163

拍卖时间：2011-06-07

成交价：RMB 287,500

195

顾绍培对弈提梁壶

拍品尺寸：长 19 厘米
拍卖机构：北京保利
拍品编号：3893
拍卖时间：2010-06-04
成交价：RMB 336,000

196

顾绍培紫泥树桩盆

拍品尺寸：高 4.5 厘米　长 24 厘米　宽 11 厘米

拍卖机构：北京匡时

拍品编号：2166

拍卖时间：2011-06-07

成交价：RMB 253,000

197

潘持平黑虎壶

拍品尺寸：长 16.5 厘米

拍卖机构：长风拍卖

拍品编号：0021

拍卖时间：2011-06-21

成交价：RMB 207,000

198

潘持平鸾圣对壶（一对）

拍品尺寸：长 16 厘米　容积 460 毫升

拍卖机构：北京匡时

拍品编号：2132

拍卖时间：2011-06-07

成交价：RMB 253,000

199

潘持平、鲍志强砖方壶

拍品尺寸：长 15 厘米
拍卖机构：长风拍卖
拍品编号：0023
拍卖时间：2011-06-21
成交价：RMB 218,500

200

潘持平紫泥方钟壶

拍品尺寸：长 18 厘米
拍卖机构：北京匡时
拍品编号：502
拍卖时间：2010-12-05
成交价：RMB 89,600

以方钟为形，底宽而稳，向肩线收缩，弧度洗练优雅，盖钮与壶身造型相同，上下呼应，三弯嘴与把背弧度前后呼应，大方自然，使方钟壶更为生动。

鲍志强玉带呈祥壶

故宫博物院

● 壶体设计借鉴玉文化的精髓，把陶文化、茶文化、玉文化完美地统一起来。盖钮为玉雕小象，壶盖为玉璧，器身玉带束腰。精美典雅，寓意吉祥。

201

鲍志强莲子壶

拍品尺寸：长 17.5 厘米

拍卖机构：北京保利

拍品编号：2993

拍卖时间：2010-08-02

成交价：RMB 56,000

202

鲍志强福寿对壶（一对）

拍品尺寸：高 15 厘米　长 21.5 厘米
　　　　　高 9.5 厘米　长 18 厘米
拍卖机构：北京保利
拍品编号：2285
拍卖时间：2009-11-23
成交价：RMB 145,600

这对福寿壶，取自传统凤凰的造型。一高一矮，一胖一瘦，相生相对。高的如凤，矮的如凰，把中国传统文化和古老文明结合于紫砂之中，相得益彰。

203

鲍志强玉璧对壶（一对）

拍品尺寸：长 16 厘米　长 17 厘米

拍卖机构：长风拍卖

拍品编号：0001

拍卖时间：2011-06-21

成交价：RMB 253,000

204

施小马菱花陶壶

拍品尺寸：长 16.5 厘米　高 7.5 厘米

拍卖机构：北京匡时

拍品编号：3129

拍卖时间：2012-12-07

成交价：RMB 345,000

著录来源：《紫壶风雅——逸丰号紫砂珍藏集》第 47 页，上海人民美术出版社，2011 年 9 月。

此壶为筋纹壶式，取材自菱花瓣，器体纹理分明，造型典雅严谨。

205

施小马龙头一捆竹壶

拍品尺寸：长 20 厘米　容积 470 毫升

拍卖机构：北京匡时

拍品编号：2155

拍卖时间：2011-06-07

成交价：RMB 483,000

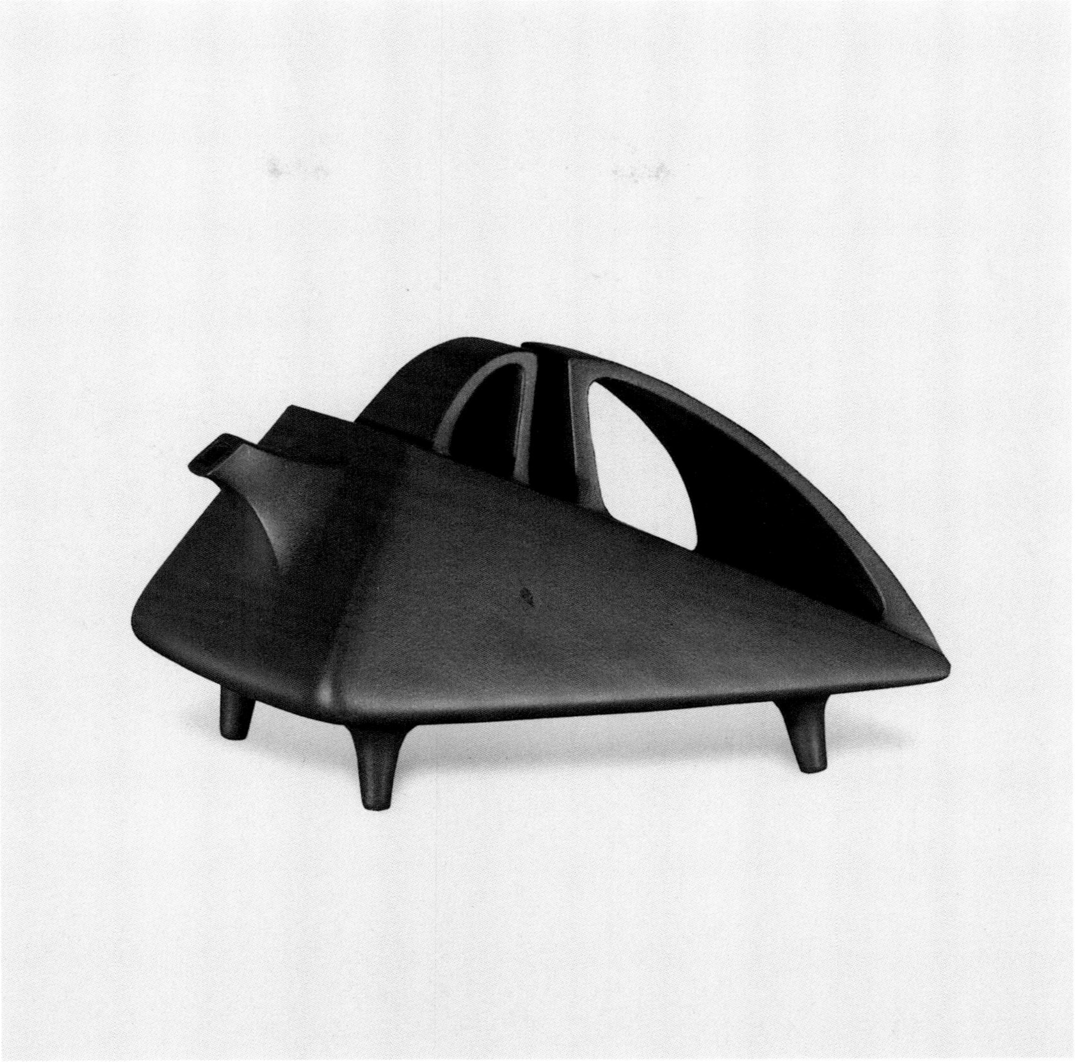

206

施小马扬帆壶

拍品尺寸：长 15.5 厘米

拍卖机构：北京保利

拍品编号：2954

拍卖时间：2010-08-02

成交价：RMB 61,600

207

施小马黑三角壶

拍品尺寸：长 16 厘米

拍卖机构：长风拍卖

拍品编号：0038

拍卖时间：2011-06-21

成交价：RMB 253,000

208

施小马提梁壶

拍品尺寸：高 15 厘米
拍卖机构：北京匡时
拍品编号：547
拍卖时间：2010-12-05
成交价：RMB 156,800

此器为作者最熟悉的“方货”，造型刚正不阿，棱角分明、无拖泥带水之感。特别强调了方中寓圆，在整体结构上，突破了传统的提梁装在肩部的处理手法，把提梁穿过壶面直插壶身，再利用暗处理过度手法，使提梁与壶身融为一体。

209

施小马提梁壶

拍品尺寸：长 14 厘米

拍卖机构：长风拍卖

拍品编号：0037

拍卖时间：2011-06-21

成交价：RMB 299,000

210

施小马玉律壶

拍品尺寸：长 17.5 厘米　高 10 厘米

拍卖机构：北京匡时

拍品编号：0249

拍卖时间：2012-06-03

成交价：RMB 253,000

211

施小马红与黑紫砂套壶

拍品尺寸：高 12.2 厘米

拍卖机构：中国嘉德

拍品编号：5114

拍卖时间：2012-10-30

成交价：RMB 287,500

212

陈国良一粒珠壶

拍品尺寸：长 17.5 厘米

拍卖机构：长风拍卖

拍品编号：0027

拍卖时间：2011-06-21

成交价：RMB 195,500

213

陈国良巧塑圣桃壶

拍品尺寸：长 17 厘米
拍卖机构：北京匡时
拍品编号：550
拍卖时间：2010-12-05
成交价：RMB 291,200

214

陈国良戊寅虎壶

拍品尺寸：高 8.6 厘米

拍卖机构：中国嘉德

拍品编号：5056

拍卖时间：2012-10-30

成交价：RMB 218,500

215

陈国良松灵芝壶

拍品尺寸：长 18 厘米
拍卖机构：北京保利
拍品编号：2957
拍卖时间：2010-08-02
成交价：RMB 190,400

216

陈国良火鸟壶

拍品尺寸：长 14.5 厘米

拍卖机构：长风拍卖

拍品编号：0024

拍卖时间：2011-06-21

成交价：RMB 287,500

217

陈国良一帆风顺壶

拍品尺寸：长 14 厘米

拍卖机构：长风拍卖

拍品编号：0025

拍卖时间：2011-06-21

成交价：RMB 299,000

218

陈国良大竹节壶

拍品尺寸：长 30 厘米

拍卖机构：长风拍卖

拍品编号：0029

拍卖时间：2011-06-21

成交价：RMB 1,725,000

219

陈国良梅椿壶

拍品尺寸：长 25 厘米

拍卖机构：长风拍卖

拍品编号：0028

拍卖时间：2011-06-21

成交价：RMB 1,725,000

220

江建翔、唐云、徐孝穆鱼乐壶

拍品尺寸：长 16.5 厘米
拍卖机构：长风拍卖
拍品编号：0030
拍卖时间：2011-06-21
成交价：RMB 402,500

221

江建翔圣桃壶

拍品尺寸：长 17 厘米

拍卖机构：北京保利

拍品编号：3035

拍卖时间：2010-08-02

成交价：RMB 179,200

222

江建翔凛媚壶

拍品尺寸：长 14.5 厘米　容积 350 毫升

拍卖机构：北京匡时

拍品编号：2138

拍卖时间：2011-06-07

成交价：RMB 402,500

223

江建翔丰硕提梁壶

拍品尺寸：高 19 厘米
拍卖机构：北京保利
拍品编号：3847
拍卖时间：2010-06-04
成交价：RMB 224,000

224

江建翔高节壶（3件套）

拍品尺寸：高 15.5 厘米　长 14.5 厘米

拍卖机构：长风拍卖

拍品编号：0032

拍卖时间：2011-06-21

成交价：RMB 690,000

225

葛陶中塔竹壶

拍品尺寸：长 15.5 厘米

拍卖机构：长风拍卖

拍品编号：0007

拍卖时间：2011-06-21

成交价：RMB 230,000

226

吴鸣荷塘听雨壶

拍品尺寸：高 21.5 厘米　宽 48 厘米　容积 8400 毫升

拍卖机构：北京匡时

拍品编号：2147

拍卖时间：2011-06-07

成交价：RMB 483,000

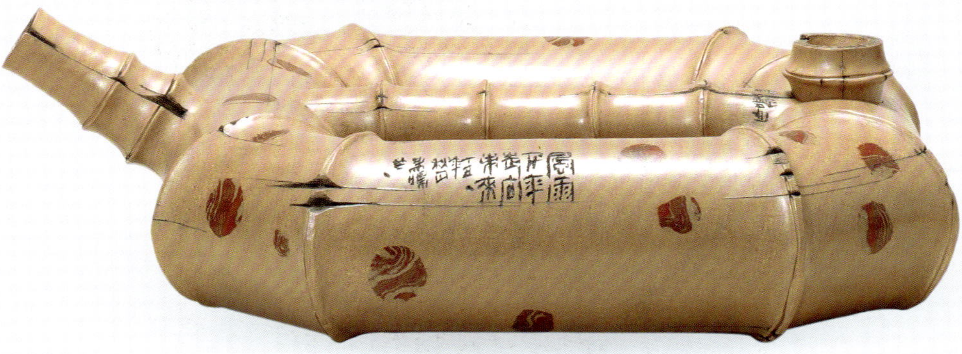

227

吴鸣竹林寻贤壶

拍品尺寸：长 34 厘米　容积 2830 毫升

拍卖机构：北京匡时

拍品编号：2146

拍卖时间：2011-06-07

成交价：RMB 368,000

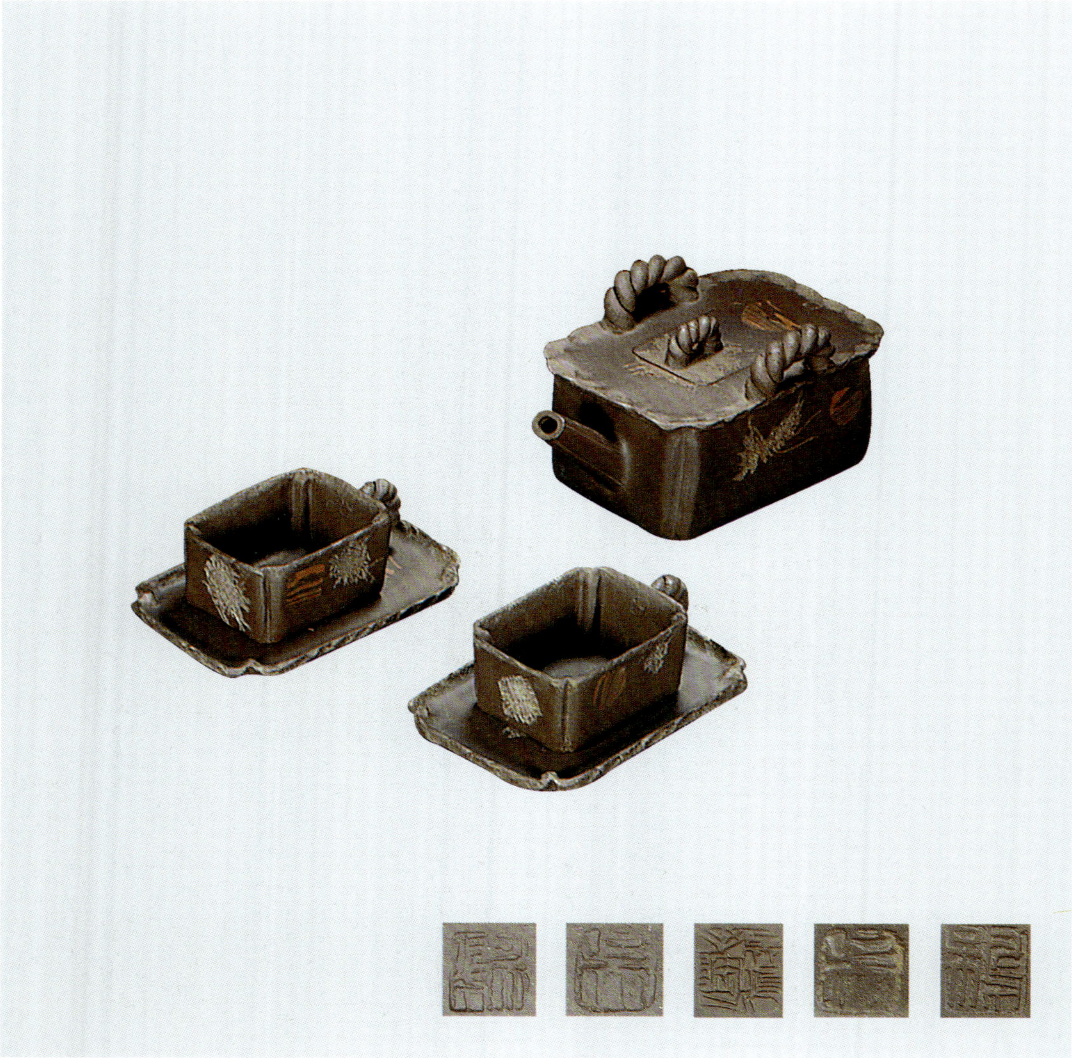

228

吴鸣往事茶具（9件套）

拍品尺寸：长14厘米

拍卖机构：长风拍卖

拍品编号：0045

拍卖时间：2011-06-21

成交价：RMB 253,000

229

刘建平火牛图壶

拍品尺寸：长 22 厘米
拍卖机构：长风拍卖
拍品编号：0016
拍卖时间：2011-06-21
成交价：RMB 80,500

230

季益顺汉风提梁

拍品尺寸：长 15 厘米　高 15.5 厘米

拍卖机构：北京匡时

拍品编号：0225

拍卖时间：2012-06-03

成交价：RMB 345,000

231

季益顺雪中情壶

拍品尺寸：长 7.5 厘米
拍卖机构：长风拍卖
拍品编号：0011
拍卖时间：2011-06-21
成交价：RMB 218,500

232

季益顺丰衣足食壶

拍品尺寸：长 17 厘米

拍卖机构：北京保利

拍品编号：3837

拍卖时间：2010-06-04

成交价：RMB 134,400

233

季益顺秋鼠壶

拍品尺寸：长 23 厘米　容积 1380 毫升

拍卖机构：北京匡时

拍品编号：2124

拍卖时间：2011-06-07

成交价：RMB 575,000

此壶采用“底槽青”泥制作，设计新颖，做工精湛，生动逼真，充分彰显了作者在花壶制作上的功力。

234

季益顺楚汉风韵壶

拍品尺寸：长 21 厘米　容积 700 毫升

拍卖机构：北京匡时

拍品编号：2125

拍卖时间：2011-06-07

成交价：RMB 552,000

235

季益顺玉兔提梁壶

拍品尺寸：长 14 厘米

拍卖机构：长风拍卖

拍品编号：0010

拍卖时间：2011-06-21

成交价：RMB 172,500

236

季益顺制、蒋君设计天宫团圆壶

拍品尺寸：长 19 厘米
拍卖机构：北京保利
拍品编号：4671+1
拍卖时间：2011-12-06
成交价：RMB 2,300,000

此作品造型奇特，壶嘴、壶身、壶把以简洁的线条连贯成一体，如弯弯的半月舒展飘逸，壶身上一个圆球共立于壶口，像一轮明月升空，可内藏奥妙于其中，原来这是一个盛放茶叶的地方，人们泡茶时，注水于“圆月”之中，茶叶的汁水自然渗进壶内，而壶中却无半点残叶，可谓匠心独运。壶把与壶体自然相连，形如嫦娥微笑弯腰，壶钮一只玉兔灵动逼真正抬头与壶把之嫦娥亲切对话，其妙思构想既在壶艺的情理之中，却又出乎人们的意料之外。

237

季益顺松鼠葡萄壶

拍品尺寸：长 22 厘米　高 14.5 厘米

拍卖机构：北京匡时

拍品编号：0226

拍卖时间：2012-6-3

成交价：RMB 483,000

著录来源：《当代紫砂群英》第 292 页，台北盈记唐人工艺出版社，2011 年 5 月。

238

高振宇金鬲对壶

拍品尺寸：高 16 厘米　高 13.5 厘米
拍卖机构：中国嘉德
拍品编号：5066
拍卖时间：2012-10-30
成交价：RMB 2,530,000

此壶作者为顾景舟大师的弟子高振宇，他认为器皿中既可以容纳艺术创作的激情、也同时可以体现以人为本、爱护环境的现代理念，主张将现代陶艺与人们生活相结合，作品以器皿陶艺为创作主题，这种创作思想在我国陶艺界引起很大的反响，并已经逐渐形成为一种潮流。

鬲是中国古代的一种炊器，在形制上类似于鼎，有三足，但三足中空，可以获得更好的加热效果，主要用于烹调稀食，早在新石器时代陶就已经广泛使用。

239

高振宇神鬲壶（一对）

拍品尺寸：高 12 厘米　高 11 厘米

拍卖机构：中国嘉德

拍品编号：5032

拍卖时间：2013-05-14

成交价：RMB 1,725,000

240

徐徐花蕾壶

拍品尺寸：高 9 厘米

拍卖机构：北京翰海

拍品编号：0685

拍卖时间：2011-11-17

成交价：RMB 86,250

241

许艳春意竹茶具（5件套）

拍品尺寸：壶：高 17.5 厘米
　　　　　杯：直径 5 厘米
拍卖机构：北京保利
拍品编号：3835
拍卖时间：2010-06-04
成交价：RMB 156,800

此意竹壶古朴之中富有雅趣，华美之外又别具意韵，既继承传统（壶形为传统的桶形），又不拘泥于古（取法随意自然，且重在追求泥料的天然属性）。而这种"摔壶"系列，就是在围好筒身之后，以不同的力道去摔，得到不同的外形。同时在摔的过程中配合捏的动作，使紫砂壶的外形美感超越规则的功能。此壶造型新颖，神韵出众，高雅大方。

242

堵江华东坡提梁壶

拍品尺寸：高 23 厘米

拍卖机构：北京保利

拍品编号：3866

拍卖时间：2010-06-04

成交价：RMB 470,400

243

吕俊杰、范曾怀谷壶

拍品尺寸：长 31 厘米

拍卖机构：长风拍卖

拍品编号：0059

拍卖时间：2011-06-21

成交价：RMB 2,208,000

244

吕俊杰天下粮仓茶具（5件套）

拍品尺寸：长16厘米
拍卖机构：长风拍卖
拍品编号：0058
拍卖时间：2011-06-21
成交价：RMB 747,500

本器以古时的粮仓与丰收的麦穗为发想点，壶钮形似仓廪，壶体神凝丰年。以五色土紫砂为材质表现，泥的成品颜色，质朴自然，流露出大地一片丰收的景象。整个作品从创意发想到材质表现，可谓表里相得益彰，内外浑然一体。

245

吴界明三足柱础壶

拍品尺寸：高 8 厘米
拍卖机构：北京翰海
拍品编号：0688
拍卖时间：2011-11-17
成交价：RMB 80,500

此壶壶式古已有之，作者在前人的基础上将壶的整体线条加以丰富、丰满。“柱础”原是南方木质结构房屋中支持大梁的大柱子的柱基，于整幢房屋来说至关重要，清时鼎鼎大名的陈曼生将其演化到紫砂器，文人的情怀借助特殊的生活场景与特殊的材质肌理，来进行行而上的借物咏志。作者在壶身无书画装饰点题的基础上，通过周身线条的起伏来表现形式本身的语言，正是符合了现代的“厚道”精神。

漫谈故宫博物院藏明清紫砂器

叶佩兰

一、顾景舟先生鉴定紫砂器记录

故宫博物院珍藏明清两代紫砂器400余件，其中明代约50件。

紫砂器过去在多位老专家的领导下曾进行过鉴定、整理、编号、制卡等工作。1982年宜兴紫砂工艺新品在故宫乾清宫举办展览时，宜兴紫砂工艺大师顾景舟先生来京，借此机会我们邀请顾老对我院所藏清代紫砂器进行过鉴定，笔者曾参加了本院紫砂器的鉴定、整理工作，并作过详细的学习笔记，特别是顾景舟先生的鉴定意见，对我们学习和研究有很大帮助，现整理出来，相信对紫砂器的研究、爱好者不无裨益。

1982年9月顾景舟先生在我院陶瓷所鉴定紫砂器记录：

（1）鉴别紫砂器第一要了解艺人的手法，一个人有一个手法；第二要看泥色；第三要看纹饰。仿古的器物一般一件一个图章款。

（2）明代紫砂壶上无图章款，都是刻自己的名字。

（3）清代早期壶流里都是一个大眼。几个细密的眼在时代上就晚了。这与民间使用茶叶泡茶有关系。

（4）乾隆紫砂壶器表纹饰微微凸起，是将调好的泥浆用笔慢慢堆画出来的。泥浆必须研得与墨一样细腻，然后用毛笔画，不足的地方再加加工。

（5）陈鸣远生于康熙，死于乾隆，在技术上是个了不起的人。

（6）紫砂包金漆的器物是在乾隆以后出现的。

（7）加彩凸雕瓜果紫砂茶壶为乾隆时期的风格。

（8）紫砂胎描金漆竹节式壶，为太平天国时期的。

（9）紫砂器制作的原料是埋在岩层下面的泥土，有泥中之泥的说法。紫砂比例的多少决定胎色。

（10）20世纪20～30年代时顾先生等人在上海做过一批仿古紫砂，都不落款。

（11）南京、扬州、上海各有一件大彬壶真品，是出土的，它们的风格和泥色都相同，可看出明代紫砂壶的气魄大，胎泥粗。

（12）清道光“行有恒堂”款紫砂梅花诗句壶，为假品。此壶底款“蒋贞祥造”，蒋贞祥是晚清光绪人，与道光“行有恒堂”款年代不符。

（13）看了许多陈曼生刻诗的壶，底款多数篆书“阿曼陀室”，没有写过“陈曼生制”，这点应注意。

（14）古代人作壶的款识，字头对着流，字尾对着柄。

（15）“宣统元年正月元日”款的紫砂壶，壶柄尾部分别有“大生”、“裕林”、“迪恩”、“东溪”、“寿珍”等名款。这些人都是光绪时人。大生和迪恩是兄弟关系，姓范，一家人都作壶。

（16）嘉庆四年款红砂小壶为真品。

（17）“松鹤轩”款紫砂壶，为民国时期作品。“松鹤轩”是上海一个铺子的名字。此壶刻字人叫若水，号姚寿铨。

（18）“黄玉麟”款紫砂树根式壶是真品，为晚清同治光绪时的。

（19）“阳羡邵友兰制”款带屉诗句紫砂壶，是真品，清道光年的。邵友兰是顾景舟先生祖母的前辈人。

（20）“邵元祥”款紫砂大扁壶。邵元祥是明末清初人。此壶造型硕大，胎泥粗，具有明代风格。但壶身文字为后刻。“适园主人”是谁不清楚。

（21）“杨彭年”款描金山水紫砂壶。杨彭年是嘉庆、道光时人。此壶为真品，泥色较标准，胎泥及做的工艺，都具有杨彭年制壶的风格。

（22）“志远”款阴阳文紫砂扁方壶。清道光真品。壶底有“茶熟香温”款。

（23）“国良”紫砂提梁式壶。晚清时作品。国良原名为俞国良，1938年殁。死时六十多岁。

（24）“邵亮生”款紫砂小扁壶（图1），邵亮生是晚清人。

（25）“笨岩”款紫砂扁壶，是清同治作品。

图1/ 宜兴窑邵亮生制款圆壶　清

（26）“味泉”款黑砂竹节式壶，清嘉庆作品。

（27）“赦记”款紫砂雷纹螭钮壶，作者是邵权衡，清同治时人。他曾孙现在还在宜兴紫砂厂里工作。

（28）“冰心道人”款紫砂刻诗壶（图 2）。“冰心道人”可能是程寿珍，为清同治时生，民国二十几年殁。

（29）“康熙年造”款黑砂铜提梁壶，清光绪作品。这类壶宜兴烧好后，到烟台去烧黑。

（30）“康熙辛卯年制”款紫砂扁壶，壶盖里有“宜兴紫砂包用”章，“包用”章的出现到清晚期了。

（31）“宣统元年”款米色砂小壶，壶柄有“宝鳞”二字，是宣统时工匠，姓宗。

（32）王南林是清乾隆时艺人，给宫廷里做过御器。

（33）“项圣思”款紫砂佛手式杯、“圣思”款紫砂梅花式杯，均为假品。圣思何时人不详。南京博物院有件圣思款桃杯，很精致。

（34）“史宝丰造”款紫砂堆花小方花盆。是嘉庆、道光时作品。

（35）紫砂挂釉器皿从乾隆时开始烧造。分两次烧成，先烧胎，要一千多度。器里挂白釉，挂釉后再烧七百多度。

（36）清乾隆紫砂画彩山水大笔筒，为典型乾隆时作品。底部为避免磨伤，刷一层黑漆。乾隆紫砂笔筒有的器表开小纹片，其原因是原来的胎色不理想，在紫砂胎干后又刷上一层稀的细泥的缘故。

（37）紫砂粉彩花鸟四方笔筒，为清乾隆时作品。与烧瓷胎粉彩的方法一样烧制。

（38）“种花读书”款黑砂匜。宜兴的黑沙泥到嘉庆、道光时已没有了，此器应是乾隆时的。

（39）“惠逸公”款紫砂莲瓣碗。惠逸公是乾隆、嘉庆时人。

图 2/ 宜兴窑冰心道人款圆壶　清光绪

二、明代紫砂器状况

从文献记载看，明代紫砂壶制作业相当兴盛。明周高起的《阳羡茗壶系》一书，记录了不少的制壶“名家”和“大家”都是制作神品的名匠。明代最有声望的是供春，又有“四家”（董翰、赵梁、元畅、时大彬）及“三大”（时大彬、李仲芳、徐友泉）之说。晚明人时大彬是当时的“三大”之一，也是后人研究明代紫砂壶的重点名匠，时大彬在紫砂工艺的发展中有很大贡献，他不仅自己制壶，同时培养了许多制壶名手，并总结前人的经验，改进了“断木为模”的制法，以槌片、围圈、打身筒的方法成型，或用泥片镶接成型。明清两代文献中常把时大彬与供春并列，如明人文震亨《长物志》言“壶以砂者为上”，“供春最贵，第形不雅亦无差，小者时大彬所制，又太小若得受水半升，而形制古洁者取以注茶，更为适用”。“往时供春茶壶，近日时大彬所制，大为时人宝惜，盖皆以粗砂制之，正取砂无土气耳”。“近日小技著名者尤多……瓦瓶如供春、时大彬价至二三千钱，供春尤称难得，黄质而腻，光华若玉……”这些记载对供春、时大彬制壶风格给予概括，同时也说明大彬是供春以后的名手，他们二人制壶价值一样的高。遗憾的是传世真品稀少。

目前故宫博物院藏有5件“大彬”款的器物：紫砂刻诗大壶，通高27.5厘米，紫黑色砂体带细小石榴皮，壶腹部一面竖刻行书“江上清风，山中明月”八字，文尾刻“丁丑年，大彬”款。

紫砂六方形茶壶，高6.5厘米，紫红色砂体带黄色梨皮点，壶底刻“甲辰春日时大彬制”八字款。

深米色紫砂扁圆小壶（图3），高4.8厘米，壶身带紫红色砂点，壶底刻“大彬制”三字款。

图3/ 宜兴窑仿时大彬款小壶　清

紫砂圆筒状壶，高约 13 厘米，底刻“时大彬”三字款。

米黄釉山形笔架（图 4），长 13.7 厘米，砂底，底刻“万历乙未岁九月望日制于万玉山房，大彬”17 字。

以上有 4 件“大彬”款紫砂壶，过去院内老专家鉴定为清代仿品。只有“大彬”款笔山目前仍放在明代藏品中。“大彬”壶为明代紫砂中的名品，在当时和后代仿品很多，给鉴定带来一定难度。

近几十年来国内一些明代晚期墓葬出土了 5 件时大彬款的紫砂壶，为鉴定提供了相对可靠的标准器。

1968 年在江都县丁沟镇万历四十四年曹氏墓出土一件“大彬”款六方紫砂壶。

1984 年无锡甘露乡明崇祯二年华师伊夫妇墓出土一件“大彬”款三乳足紫砂壶。

1986 年底四川绵阳晚明墓出土一件腹部阳刻“大彬仿古”款圆形紫砂壶。

1987 年福建漳浦县万历三十八年工部侍郎卢维祯夫妇合葬墓出土一件“时大彬制”款带盖紫砂壶。

1987 年陕西延安柳林乡崇祯十三年墓出土一件“大彬”款提梁紫砂壶。这几件“大彬”款的紫砂壶，造型各不相同，嘉靖和万历出土的胎色较红，崇祯墓出土的从胎色及制作工艺上看比前期精细些，有的还刻有简单的文字题句。福建漳浦及陕西柳林乡出土的紫砂壶到故宫博物院展出过，这两件壶给人的感觉造型古朴、简练、大方，胎色泛红，胎质不够细腻，表现出明代紫砂器的风韵。值得重视的是宋伯胤先生曾指出紫砂陶器断代研究方面需找出某些科学发掘品作为比较模式，并以江都县丁沟镇出土的六方壶为例，提出“大彬”壶的五大特点：

第一，有明确的纪年墓出土。

第二，有作者名款“大彬”，二字用笔熟练，“大”字最后一捺，有点滞重，名下无印章。

第三，赭红色的胎，坯体含有小泥粒，故少平整明润感。

第四，造型上壶嘴、壶柄和壶口未达到“三平”。为了增加壶的稳定性，壶嘴的底部

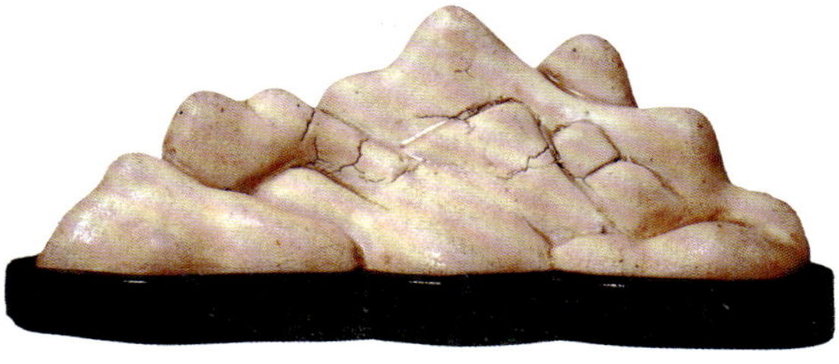

图 4/ 宜均月白釉山形笔架　明

作得比壶柄稍高。

第五，壶身素面无纹饰也无文字题记。

以上几点是科学的总结，联系我院的几件大彬壶，总的观感从胎体到造型比较精致，与明代墓葬出土相比，艺术风格上截然不同。可见我院老一代的专家对紫砂壶的鉴定是有见地的。关于“万玉山房”大彬款米黄色釉笔山也有可能是清代仿品。紫砂挂釉是属宜均类，清代继续烧制。特别是乾隆以后紫砂挂釉的器物较多见（图5）。这件笔山结合清代瓷器特点分析，清代雍正、乾隆时期常见仿哥釉，仿官釉小型笔山非常精巧。“××山房”为清代一种室名款，雍正、乾隆时期的青花、粉彩瓷器中见有“文石山房”、“九畹山房”、“百一山房”等。“大彬”款紫砂米黄釉笔山以层层叠叠状的山峰组成笔架的形体，非常精巧。加上“万玉山房”款，应为清代雍、乾时制品。

图5/ 宜均天蓝釉小水盂　清乾隆

三、清代紫砂器状况

故宫院藏清代紫砂器较多，从传世品看无论是造型艺术或装饰欣赏方面，都有不少创新之作，不难看出清代是紫砂器的高度发展时期。主要表现在品种上日益增多，除大量紫砂茶具外还有餐具、文具、陈设品以及花盆、小件玩具等。多数紫砂器上有刻花、印花、堆花和色釉、彩绘。清代紫砂陶艺进入了顶峰，制壶名手辈出，壶艺的精细已被宫廷皇室看中，据乾隆十八年三月记事录记载：“于本月初四日员外郎白世秀来说太监胡世杰传旨，从前传做茶具内宜兴壶茶叶罐着南边照样做一份……钦此”，证实乾隆时宜兴已为宫廷作贡品。原清官藏品中就有非常精巧的乾隆紫砂茶具，也有带人名款或无款各种紫砂器。故宫博物院在文革前还征集不少紫砂器，值得提出的是有些都是清代文献中著录过的名家作品，也还有一些堂名款的紫砂器及清末民国时仿前代作品。这些藏品有许多带纪年款、干支款或人名款，是研究宜兴紫砂器断代的宝贵资料。下面重点介绍一下。

1. 清宫旧藏的紫砂器

清宫旧藏的紫砂器中，最引人注目的是乾隆茶具，有两组珍品均带有乾隆御题诗和烹茶图的茶壶和茶叶罐。一组为紫红砂高桩六方形，另一组为米色砂圆球形（图 6），这两组茶壶的腹部均一面绘烹茶图，一面刻乾隆御题诗。高桩六方式茶叶罐，腹部六面分绘松、竹、梅、荷花及花鸟纹饰，罐盖面上有“雨前”、“莲心”茶名（图 7）。圆筒形茶叶罐一面刻乾隆御题诗，另一面有的绘梅花，有的绘竹纹（图 8）。这两组茶壶、茶叶罐的装饰画面，无论是烹茶图还是花鸟和花卉，都是用很细的泥浆慢慢堆画出来的，画面生动自然，这种用泥浆绘画的技法是紫砂陶艺的创新之作。壶与罐上面的乾隆御题诗均为《雨中烹茶泛卧游书室有作》（查《高宗御制诗文集》，为乾隆 1724 年所作），“卧游书室”为船的名称。这两组紫砂茶具，分别与乾隆皇帝举行茶宴时喜用的青花松竹梅纹诗句盖碗或矾红彩松竹梅纹诗句盖碗组合在一起放入紫檀木或藤编的提盒内，提盒内有炭炉、铜箸、铜铲、银柄勺、过滤器等（图 9，图 10）。据故宫原始记录看，成套的乾隆紫砂茶具原藏处为承德避暑山庄，是故宫古物陈列所成立后整理登记时的留平文物。由此可证实，这成套的茶具是乾隆皇帝巡视时的用品。在清宫藏品中还有三件，乾隆御题诗壶，壶造型独特，撇口、细颈、硕腹、大底，腹部两侧置曲柄和流，腹部另两面一面开光人物烹茶图，一面是御题诗，题目为《惠山听松庵用竹炉煎茶因和明人题者韵即书王绂画卷中》，是乾隆十六年所作。除此之外还有原存放在故宫养心殿乾隆款绿地粉彩描金瓜棱式壶，原存放在故宫永寿宫的乾隆款紫砂小壶以及紫砂描金山水人物诗句茶壶，这些都是乾隆时代的标准器。

图 6/ 宜兴窑御题诗烹茶图圆壶　清乾隆

图 7/ 宜兴窑雨前铭花鸟纹六方茶叶罐　清乾隆

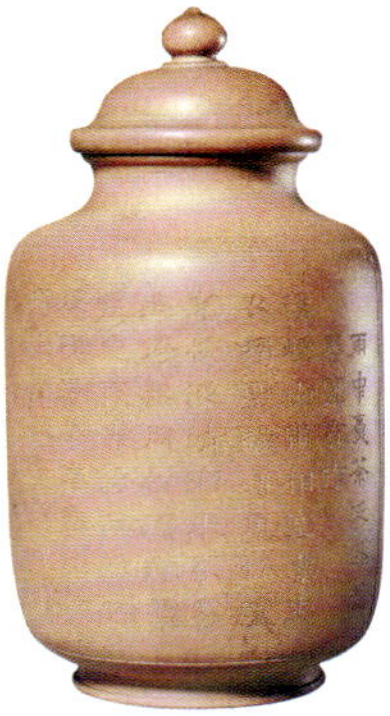

图 8/ 宜兴窑御题诗梅树纹茶叶罐　清乾隆

图 9/ 瘿木手提式茶籯　清乾隆

图 10/ 紫檀竹皮包镶手提式茶籯　清乾隆

清宫藏品中还有部分无款紫砂壶，如仿金漆的六方式壶、竹节式壶（图 11），仿瓷器式样的僧帽壶（图 12）、圆壶、提梁壶、竹节壶，仿铜器式样的方斗壶（图 13），仿瓜果类的南瓜式壶、桃式壶、凸雕百果壶（图 14），以及凸雕蟠螭壶。这些紫砂壶胎泥较细，工艺精良，制陶风格近似于景德镇生产的乾隆时代的瓷器。但也有时代较晚的作品，如紫砂胎描金漆竹节式壶，顾景舟先生认为是太平天国时期的。清宫藏品中的紫砂文具也很突出，有两件乾隆彩画山水人物大笔筒、仿圆木大笔筒、树根式笔筒、方形笔筒，还有各式小水丞及印盒等。这里有的是原存放在故宫古董房或懋勤殿之物，都很古朴、规整，水丞印盒之类也很精巧，属清中晚期作品。

清宫旧藏许多乾隆至光绪的紫砂陈设品。如乾隆仿古铜花觚、仿朱漆花觚、兽耳衔环瓶、描金天鸡尊（图 15）以及刻花凸花瓶、蟋蟀瓶、鱼尾瓶、四系带盖浆壶、竹节花插、绿里粉彩花卉渣斗、经文盖钵、海棠式高足盘、紫砂陶塑中的核桃、异兽（图 16）等。有

图 11/ 宜兴窑志进款描金竹节壶　清末

图 12/ 宜兴窑僧帽壶　清

图 13/ 宜兴窑方斗式壶　清

图 14/ 宜兴窑百果壶　清

图 15/ 宜兴窑描金彩绘天鸡尊　清乾隆

图 16/ 宜兴窑小异兽　清乾隆

意趣的是海棠式高足盘及经文盖钵原收藏在慈宁宫，可能是皇后在慈宁宫大佛堂举行佛事时用品。再有宫中的紫砂花盆，造型丰富多样，有长方形（图 17）、四方形、三角形、圆形、椭圆形，或梅花式（图 18）、海棠式、树根式以及浅式盆景花盆。其胎体有紫砂、紫红砂、米色砂，制作工艺都很讲究，盆体上有印花、雕花、刻诗、彩绘等。如乾隆米色砂四方委角花盆（图 19），高 14.2 厘米，口径 36.1×23.8 厘米，此盆四面开光，光内雕贴松竹梅纹饰，非常端庄古朴。清道光紫砂花鸟纹三角形花盆（图 20），高 16.7 厘米，口边长 22.1 厘米，盆的三面用细白砂泥绘画洞石梅雀、竹蝶和兰草等纹饰，栩栩如生。道光时期，

图 17/ 宜兴窑夔凤纹长方花盆　清乾隆

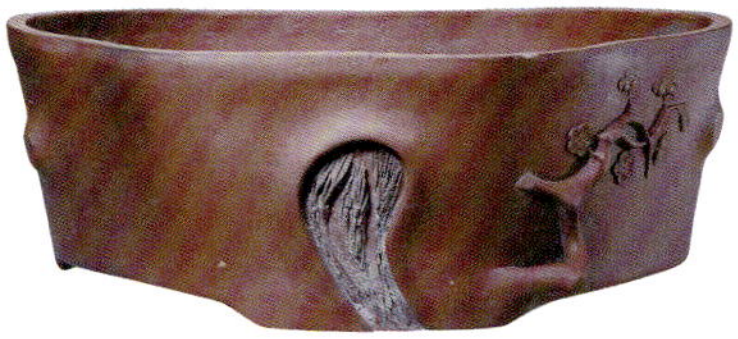

图 18/ 宜兴窑树根式梅花花盆　清

图 19/ 宜兴窑凸花长方六角花盆　清乾隆

图 20/ 宜兴窑花鸟三角花盆　清

这种用细白砂泥绘画是宜兴窑新兴的一种特殊装饰，形成时代特点。光绪紫红砂树根式花盆，高 13.9 厘米，口径 35.9×29.5 厘米，这件花盆模仿树根的形象烧制，盆外壁一侧凸雕一枝树干，树干从盆底边向上盘曲，树干上有几朵盛开的梅花，树干旁还雕刻一树洞，此盆造型与装饰形态逼真，可看出当时工匠们高超的塑造技巧。盆底有一“许”字印章，为工匠姓。

清宫藏品中带人名款的紫砂器物，有：邵邦祐制料彩壶，邵亮生款圆壶，“香茗自娱”款刻字扁圆壶（少林铭，图 21），“阳羡茗壶”款刻花扁壶（少林刻字，图 22），荆溪邵元祥大壶（顾景舟先生说邵元祥是明末清初人。此壶造型硕大，胎泥粗，具有明代风格。壶身文字为后刻），“徐恒茗制”彩漆六方执壶，清嘉庆惠逸公款莲瓣纹碗（图 23），“荆溪董氏”款温器，“圣思”款双螭水丞（图 24），“种花读书”款黑砂匜（据顾景舟先生介绍，宜兴的黑砂到嘉庆、道光时已没有了。此匜应为乾隆时期的）。“荆溪 × 龙制”广彩开光花卉大壶，清光绪“张鸿坤制”款覆斗式壶、四方小盖杯，杯里挂白釉开细小纹片，杯盖面刻“茗茶清香”四字，清光绪“吴云山制”款凸雕红彩梅花米黄色砂壶、小杯，杯里挂白釉开细小纹片。这部分带款的器物，有的是过去留平文物，有的是原存放在重华宫、茶库、御茶膳房之物。但有的工匠生平不详，如邵邦祐、徐恒茗等需进一步查找文字资料。值得提出的是圣思款水丞，是原存放在古董房之物，此器小敞口，圆腹，圈足。口沿上凸雕二螭虎，腹部刻“入我文房，著我文章，为龙为光，同行所藏岁在癸未暮春之初，制于梅溪书室”，文后一“圣思”方印款，圣思生平不详。南京博物院有一件清乾隆圣思桃式杯，由桃树的枝干、桃叶、桃花和小桃组合成杯外的凸雕装饰及杯的底部，有强烈的立体

图 21/ 宜兴窑香茗自娱款扁圆壶　清

图 22/ 宜兴窑阳羡茗壶款刻字壶　清末

图 23/ 宜兴窑惠逸公款凸莲瓣碗　清

图 24/ 宜兴窑项圣思款双螭龙诗句水丞　清道光

感，构思巧妙，技艺精湛，近代陶艺家裴石民为此杯加一托，并在托上题字介绍圣思说“圣思”相传为修道人，姓项能制桃杯，大于常器。花叶干实无一不妙。想必项圣思喜作凸雕装饰之器物，工艺精良。以此风格研究故宫院藏这件圣思螭虎水丞，不仅小巧，口沿上浮雕双螭虎形象逼真，与腹部诗文相结合欣赏很有雅性。此物又是原古董房之物，并有室名款及干支款，是否应是乾隆二十三年作品。

总之，从以上原清宫藏品中不难看出紫砂器在宫中的广泛应用。有许多在宫外是难以见到的珍品，也是我们研究紫砂陶艺的珍贵资料。

2.“曼生壶”与“杨彭年制”款的紫砂壶

曼生壶与杨彭年制款紫砂壶，是清代嘉庆道光年间的紫砂名品。一般人都熟知曼生是清代著名画家、篆刻家陈鸿寿的别名（清乾隆三十三年至道光二年）。他亲自设计，亲自动手在壶身镌刻诗句和曼生铭，因此得名“曼生壶”。又一说陈鸿寿喜爱紫砂壶，在宜兴做官时其居处名为“阿曼陀室”，所以曼生壶的底款为“阿曼陀室”四篆字印章式款。还有陈鸿寿将设计好的壶往往交给制壶名匠杨彭年制作。将工匠的名字印在壶盖里或壶柄的下端。陈鸿寿本人在壶身镌刻的铭文也很讲究，或切壶或切茶，或取自商周青铜器或历史典故、座右铭等。以上是对曼生壶的一般说法，其实联系实物也不尽然。从故宫博物院的藏品中可看出曼生壶的款识与刻铭也是丰富多样的。例如：

"阿曼陀室"款描金山水腰圆形执壶。此壶腰圆式腹，短流，曲柄，盖与壶口密合。底凸印"阿曼陀室"四篆字款识。整个壶体结构严谨，制作精巧，壶泥细呈暗紫色。腹部金彩纹饰亮丽，绘"两峰神云"图，其画面在两座嶙峋的山峰间立一亭台，画面的左上方篆体横书"两峰神云"四字。这四字与画面结合起来欣赏，让人们幻想，每当壶中茶水的腾腾热气从壶里、杯里冒出时仿佛团团神云从峰间而过，像是一处"神仙府地"，表现文人墨客在亭台饮茶作乐时悠闲风雅的情景，饶有一番情趣。此壶仅有"阿曼陀室"底款，无工匠款识，绘画林木苍郁，湖石奇秀，又有浓重的金石味，应是曼生作画。

凸印"延年"款圆形曼生壶（图 25）。此壶圆形腹，短流，曲柄，通体结构线条圆润并达到流、口、柄三平的技术水准。底凸印一展翅翔鸟，在双翅上印篆体"延年"二字。整个壶底宛如一瓦当，壶盖里有"彭年"小印章款。腹部刻"鸿渐于磐，饮食衎衎，是为桑苧翁之器。垂名不刊，曼生为止候铭"25 字铭，铭刻笔力遒劲，不难看出此壶是曼生为好友铭刻的，壶底款识新颖。

"阿曼陀室"款南林铭四方壶。此壶仿佛四方形，但棱角非常圆润。底款为凸印"阿曼陀室"四篆字款，壶盖里有"竹溪"小印章款，壶腹部刻"外□古朴中璠瓱，南林刻"10 字铭。竹溪原名吴月亭，是嘉庆、道光时人，咸丰元年尚在世，工制壶，善书刻、刀法流利。南林原名为王南林，是乾隆、嘉庆时著名陶艺人。这件紫砂壶圆润古朴，是王南林与竹溪合作的陶艺，虽然是"阿曼陀室"款但它不是曼生壶。

综合以上分析，曼生壶款识，多数为"阿曼陀室"款，壶盖里或柄端为工匠杨彭年小印章款。曼生壶也有其他款识或无款者。有"阿曼陀室"款者，不一定是曼生壶，需结合铭文而确认。其铭文，除陈曼生自名外有时也与好友相互题句铭刻或用金彩绘画、题诗。可见紫砂壶在文人墨客优游生活中的地位。

图 25/ 宜兴窑杨彭年款飞鸿延年壶　清嘉庆

关于曼生壶的主要合作者，据《阳羡砂壶考》介绍，除杨彭年外就是杨宝年、杨凤年及吴月亭（竹溪）。其实不仅于此。上海博物馆藏一件曼生铭竹节式紫砂壶，1977 年上海市郊清代嘉庆八年墓出土。壶通体竹节式，流与柄处浮雕竹叶作装饰。整体造型稳重而挺拔。壶腹部刻八个金石文字，署名“曼生”楷书阴文款。壶盖里有“万泉”篆书小印章款。壶底无款识。南京著名收藏家王一羽先生藏一件清“曼生仿古”三元式紫砂壶，壶底无款识，壶腹部刻“注以丹泉，饮之吉，勿相忘。曼生仿古”14 字铭。盖里有“友兰”小印章款（友兰原名邵友兰，道光时制壶名家）。冯其庸先生珍藏一件清曼生铭漱石壶，此壶通体光素无纹饰，古朴大方，壶底刻有铭文较为新颖。铭文为“寒夜最宜当酒，乙亥夏日曼生”12 字铭。盖里有“维松”小印章款。以上资料证实与陈曼生合作的人目前看来还有万泉、友兰、维松等人，可能还有未发现者。

总之，曼生壶是文人学士与陶艺家相互结合创造出来的新型紫砂陶艺术品，与实用相结合，造型精巧，镌刻字体遒劲，“阿曼陀室”款四篆字清晰，笔多圆篆，严整淳古。因而曼生壶融紫砂与书法、篆刻为一体，为紫砂陶艺的发展开辟了一条新路。

“杨彭年制”款紫砂壶也很珍贵，杨彭年不仅与一些画家、篆刻家合作，同时也独自制壶。故宫博物院藏有“杨彭年制”款泉文壶、“杨彭年”款刻梅花题字提梁壶（子冶镌刻，子冶原名瞿应绍，字子冶，是继曼生石楳后又一与砂艺密切结合擅长金石书画的文人）、“杨彭年制”四篆字款描金山水壶及“彭年”款覆斗式壶等。这些壶或浑朴厚重，或玲珑秀巧，均具天然之趣。如泉文壶，壶底篆书“杨彭年制”款。壶的腹部一面模印汉代泉文“大富千万”四字，另一面刻 80 个字，介绍一位考古者，考证泉文的读法，指出古钱上的“千”字因年久腐蚀成“人”字，许多人习惯的读法将“大富千万”读成“富人大万”讹传。是一位孙氏古云者提供的泉文考古资料赠予制茗壶人，作为壶的文字装饰。让人们边饮茶边读泉文，非常有趣。铭文尾有“癸未仲秋，叒几□”七字，为道光三年作品。此壶流下端刻“名华十友垒清玩”。再如“杨彭年制”款描金山水壶，也是件精品。此壶形体高雅，是用打身筒成型法制作的，口、肩、底三部壶线都很清晰，壶腹用金彩绘山水塔亭图，山石和松树作陪衬，整个画面既苍朴又秀丽清幽。据顾景舟生前讲，此壶为杨彭年真品，泥色标准，胎泥与制作工艺具有杨彭年的制壶风格。

3.“行有恒堂”款紫砂器

行有恒堂主人是第五代定亲王载铨（1794—1854 年），载铨历任礼部、工部尚书，晚年出掌宗人府，颇得道光、咸丰二帝的欢心。定府收藏古玩较丰，其主人是北京传统工艺品的爱好者。“行有恒堂”款的器物应是定亲王订制的。一般器身刻有“行有恒堂主人制”或“行有恒堂主人瑶用”等铭，不加“定府”二字，但有的加印“定府清赏”方章，器底多为“行有恒堂”四篆字款。清代道光、咸丰二朝的瓷器上见有此款，都是皇亲贵族使用的器物。

图 26/ 宜兴窑刻诗句圆壶　清咸丰

故宫博物院藏“行有恒堂”款紫砂器较为突出。

“行有恒堂”款紫砂诗句壶一对（图 26）。壶为圆腹、曲柄、短流，盖面平整，深紫红色砂胎，壶泥较细，腹部印四言诗“挹彼甘泉，清冷注兹。先春露芽，一枪一旗。烹以兽炭，活火为宜。素瓯作配，斟斯酌斯。咸丰任子春，行有恒堂主人制”，文后落“定邸清赏”篆书方章款，是咸丰二年制品。唐云先生藏道光丁未（道光十七年）春“行有恒堂主人制”紫砂壶，其胎色、造型、诗句与我院咸丰二年壶相同，又与我院乾隆御题诗圆形紫砂壶相近，可见皇亲定府家族紫砂茶具不仅制作精细，并具有宫廷御用的风格。

“行有恒堂”款紫砂仿古铜饕餮纹橄榄式瓶。此瓶颈部两侧各凸印一兽面衔环耳，颈部印五组蕉叶状饕餮纹饰，圈足内“行有恒堂”四篆字款。瓶体造型古朴，纹饰清晰，与乾隆紫砂仿古铜纹花觚风格相近，应是“行有恒堂”早期定烧的器物。

“行有恒堂”款黑砂凸雕花卉蝙蝠把杯。此器极为少见。杯外刻五言六句诗。据顾景舟讲，黑砂器道光以后很少见了。

“行有恒堂”款紫砂挂釉的餐具。有菊花瓣式梅花杯、菊瓣式梅花盘、菊瓣式梅花碗、梅花勺，这套紫砂器的特点是器表均刻梅花装饰同时均有“行有恒堂主人琉用”铭文。器里均挂白釉，开细小纹片较为特殊。值得重视的是梅花盖碗，在碗盖钮旁有一“彭年”二篆字小印章款。说明嘉、道时制壶名匠杨彭年为定府制作过紫砂挂釉餐具。这套餐具造型别致，器身雕刻折枝梅花，朴素大方。中国国家博物馆收藏一件“行有恒堂”款紫砂火锅，造型古香古色，又富现代生活气息。

总之，“行有恒堂”款紫砂器除茶具外，还有餐具，餐具器里挂白釉开细小纹片，胎体有紫砂、紫褐砂、黑砂。陶艺技巧娴熟，并具有宫廷御用的风格。

4.“玉麟”款和“愙斋”款紫砂壶

“玉麟”款和“愙斋”款紫砂壶是晚清紫砂名壶。“玉麟”原名为黄玉麟，是晚清继杨彭年之后的又一著名紫砂陶艺家。据说生于道光末年或咸丰初年，殁于民国初年，终年六十余岁。在制壶技艺上据顾景舟先生介绍是个多面手，方圆器形都擅长，每器纹饰、细部、结构、衔接、刻划均清晰干净，但一般圆器终觉腴润有之，巧丽欠缺。“愙斋”是清代书画家金石家吴大澄的号。吴大澄（道光十五年至光绪二十八年）擅长书法，收藏各家彝器、铭文拓本，著有《愙斋集古录》等多部著作，他的紫砂壶都为“愙斋”款。据说黄玉麟曾受聘于吴大澄家，将吴氏收藏的青铜器、古陶器的造型特色融合紫砂陶中，因此吴大澄与黄玉麟经常合作紫砂壶，继承发扬了陈曼生与杨彭年的制壶风格，集紫砂篆刻为一体。

故宫博物院收藏玉麟款的砂壶有光素扁圆形紫砂壶、覆斗式金文米色砂壶（一面腹部刻“子孙鼎”三字及小鱼纹闲章，图 27)、扁形葫芦式东溪刻字紫砂壶及树瘿式米黄砂壶。这几件壶有的圆润，有的金石韵味浓厚，有的结构巧妙。树瘿壶縠绉满身，理纹缭绕，顾景舟先生分析其是黄玉麟与画家吴大澄合作构思制作的仿明供春壶。

故宫博物院藏“愙斋”款的紫砂壶有多件，如：

东溪铭方斗式壶。腹部刻“一勺水、八斗才、引话话，自源来”。

东溪铭扁圆形壶（图 28)。盖里“逸间”小印章款，腹部刻“润我喉，伴我读，温其必至”。

东溪铭王南林题字提梁壶。盖里有“国良”小印章款。另外可借鉴的几件带具体年款的真品如：南京博物院藏光绪十九年“愙斋”款东溪诗紫砂壶、香港中文大学文物馆藏光绪二十年“愙斋”款东溪刻诗画紫砂壶、香港罗桂祥先生藏一对东溪款题诗仕女紫砂枕，都是陶苑中的稀世之珍。借鉴以上资料研究证实东溪也是晚清时一著名篆刻家，常与黄玉麟、吴大澄等人合作制壶，共同陶冶情操。东溪者，据云姓赵名松亭，同治光绪人，精于刻陶，所刻颇见古人笔意，署款或别作“东溪生”、“东溪渔隐”。愙斋的作品除以上外，故宫院藏还有一件似片金的铺砂紫砂瓜式壶，很精美，遗憾的是缺盖。

图 27/ 宜兴窑玉麟款覆斗式壶　清末

图 28/ 宜兴窑愙斋款题字壶　清光绪

5. 院藏清代紫砂器中的小件器皿

在故宫博物院藏品中有一些高度不足10厘米的小紫砂壶，有乾隆的、嘉庆的、宣统的，多数都具有年款或斋堂款，是很好的研究资料。如嘉庆四年“澹然斋”款紫砂小壶（图29），壶腹刻“共约试新茶，旗枪几时绿，嘉庆四年秋日刻，徐展亭”，文尾有一方章款，内篆书“壶痴”二字。在藏品中另有一件篆书“壶痴”款的紫砂包袱式壶（图30），壶体线条圆润严谨。另据院外许四海先生藏“壶痴”款包袱式紫砂壶、香港罗桂祥先生藏“壶痴”款彩绘包袱式紫砂壶，这两把包袱式壶虽然表面装饰不同，但壶身均为弓形方柄及直折方流，陶艺技法极为相同，塑技颇高，想必是一人之作。这几件“壶痴”款紫砂壶与故宫嘉庆四年“澹然斋’小壶结合分析均应为嘉庆时期作品。“壶痴”姓氏不详，从现有资料，可知为清中晚期人，喜作包袱式壶。再如宣统时期的小紫砂壶有十多种，形式各样，有圆式、瓜式、竹节式、提梁式等，还有带三个乳足的，壶的胎色以紫红为主，其次还有暗红、深米黄等。它们共同的特点是器底均有一行篆书的竖款为“宣统元年正月元日”八字。壶盖里气孔旁有“匋斋”、“宝华庵制”（图31，图32）。“匋斋”是清末满洲正白旗人端方的号，字午桥，堂号“宝华庵”，咸丰十一年生，宣统三年卒。光绪时举人，得慈禧太后宠信，曾任湖广总督、两江总督，1909年（宣统元年）移督直隶，被摄政王载沣罢免。他精通金石学，又酷爱陶瓷，著有《匋斋吉金录》等著作。“匋斋”宣统元年小紫砂壶应是端方本人订烧的，这些壶都光素无纹饰，很精巧、素雅。

故宫院藏还有乾隆红砂六角形鸟纹小茶叶罐、灰砂四方印花梅兰竹菊纹小茶叶罐、清晚期的“逸公”款紫砂光素小盘、“王胜长制”款紫砂小壶、“孟臣”款开光广彩花鸟小笔筒、“史宝丰造”款小方花盆，盆外壁四面印有寿字，蝙蝠或用浅米色泥画亭台和影梅。总之，这些小件紫砂器胎泥较细，作工精细，都有刻花印花和雕花装饰或彩绘花纹，非常端丽精致，也是目前在院外难以见到的精巧作品。

图29/ 宜兴窑澹然斋款圆壶　清嘉庆

图30/ 宜兴窑壶痴款包袱式壶　清嘉庆

图 31／宜兴窑大生款瓜式壶　清宣统

图 32／宜兴窑匋斋款提梁壶　清宣统

6. 清末至民国的仿品

清末到民国时期紫砂器与景德镇瓷器的发展状况相似，此时的紫砂器经历了一个由盛而衰，然后又恢复和发展的阶段。出现了许多新的制壶能手，如裴石民、朱可心、吴云根等。这时期紫砂艺人在从事紫砂工艺的恢复和研究过程中，不仅有新的创作，同时也大量仿制明清两代的名品。仿明代时大彬、仿清初陈鸣远、仿清中晚期陈曼生和杨彭年，同时也制作了一些伪年款的紫砂壶等，这些仿品故宫博物院也都征集过。如仿明代时大彬的作品，在本文前明代部分已有介绍。关于陈鸣远，其生平不详，清乾隆吴骞的《阳羡名陶录》说："鸣远一技三能，间世特出，自余年来诸家传器日少，故其名尤噪，足迹所至，文人学士争相延揽。"但陈鸣远的真品难以确认。顾景舟先生从少年习艺直到暮年的五六十年中所见陈鸣远真品数件，凭此能窥见其艺术素养之深湛。他说：陈鸣远作品特点，承袭了明代器物造型朴雅大方的民族形式，又着重发扬精巧的仿古写实技法，他的实践树立了砂艺史的又一个里程碑。故宫博物院藏陈鸣远款的器物有凤流龙柄壶、竹笋形水盂、印花鼓丁小罐以及像生干果等。过去院里鉴定为清代或民国早期仿品。凤流龙柄壶，整个壶体线条流畅，凤头及龙柄形态生动，底刻"鸣远"二字。竹笋形水盂，整个形体竹笋式，中间孔为水盂口，竹节为水盂尾部，两个蘑菇和两个蛤蜊为水盂四足，底篆书"陈鸣远制"款。对陈鸣远作品的认识，20 世纪 90 年代以来渐有了解，1990 年 7 月在章浦赤岭一座乾隆二十三年墓葬中出土一件紫砂壶，壶底刻"丙午仲夏鸣远仿古"，文尾有圆"鸣"方"远"篆书小印章款。经宋伯胤先生多方考证，此壶为"鸣远"壶的真正模式，其特点：一为坯体泥质细纯，栗红色，壶面素纯；二为造型圆而扁，稳定性强；三为题款二行八字晋唐风格，刀笔熟练。南京博物院还有陈鸣远瓜式壶。四足方壶也是可借鉴的模式，以上与我院藏品相对比较，精美有余，古朴不足，虽然是仿品，但也不失其精粹之作。

曼生壶与杨彭年制款的假品社会上流传得很多。故宫的藏品中有几件“彭年”款的假品，均为米色砂胎，器身都刻诗题款。如葫芦式壁瓶，瓶上部刻“作葫芦，悦亲戚之情话，彭年”11字。竹节式印盒（图33），盒盖刻“竹解虚心是我师，彭年制”十字。竹筒式笔筒，筒外壁刻“平安竹，南风熏，时报我，赖此居。彭年”14字，这几件彭年款的器物，仔细端赏很有旧意，它的破绽之处是在制作工艺上，不是用手工制作而是成型上用模子做成的。另外杨彭年是著名的紫砂艺人，是陶艺家，不是书法篆刻家，所以他的制品，除有底款外，一般不刻诗题字。再如曼生壶的仿品，壶体扁圆形，短流，曲柄。底为“荆溪陈制”款，盖里为“逸闲”小印章款，壶肩部刻“半瓯春露一□书曼生”九字。此壶整体看小巧精致，但“逸闲”是光绪时“窸斋”壶上见有的小款。曼生此时早已去世。所以核对款识年代互不相符。此壶应为清末仿品。关于壶底款与壶身到款不相符者在故宫藏品中也有，如一件刻道光己酉年行有恒堂主人款的壶，其底为“蒋贞祥造”。但蒋贞祥据说是光绪时人，因此该壶也是年代有问题的。

关于伪年款的紫砂壶有“康熙辛卯年制”款紫砂扁壶、“康熙年造”款铜提梁紫砂壶，这两件康熙款紫砂壶都是假品，是清末制作的伪款器物。“康熙辛卯年制”紫砂壶，盖里印有“宜兴紫砂包用”章，壶底单方框内“康熙辛卯年制”款。“康熙年造”款铜提梁紫砂壶的盖里刻“康熙年造”四字，壶底印一双方框中心为“宜兴紫砂”四字，四周衬以松竹梅式的印章款。这两件壶的问题：一是壶盖里的标记与传世品做法不符，传世品紫砂壶，壶盖里应是制壶人的小图章款，很少见有在壶盖里刻年款，或“宜兴紫砂壶包用”之类的印。二是“宜兴紫砂包用”，“宜兴紫砂”四字外衬以松竹梅，这两件壶款的形式出现较晚，笔者见过晚清时宜兴店铺名称外围松竹梅的方形印章款。三是铜提梁壶，结合瓷器的发展状况，清晚期才出现带铜提梁的器物。所以这两件康熙款的紫砂壶不是康熙时期的产品。目前掌握康熙款紫砂真品的资料，只在台北故宫有收藏，为康熙御制款珐琅彩紫砂茶具。

图33/ 宜兴窑彭年制款竹节诗句印泥盒　清道光

7. 故宫院藏其他人名款的紫砂器

故宫藏其他人名款的紫砂器，是社会上的传世品，后来征集到故宫博物院里来，这些藏品有的是清乾隆或清中晚期作品，也有的是现代艺人的作品，但也有部分需进一步研究的，总共约有数十件，有许多是著名工匠的佳作，不能一一赘述，仅举几例，其余将有款者列出供爱好者参考。

“邵友兰制”款二泉铭紫砂壶。此壶器内附一紫砂多孔屉，腹部刻“庐同七碗风生液，李白吟诗百斗篇。二泉”16 字铭。壶底为凸印“阳羡邵友兰制”篆书圆形款识。另有一件邵友兰制款王竹坪铭紫砂壶（图 34）。此壶盖钮作 2 个绳纹环装饰，壶盖里有工匠“友兰”小印章款，腹部刻“直其正也，汲其清也，右之遗而今之程也，竹坪”18 字铭。这两件邵友兰制壶均为圆筒形，一件线条规整，一件线条圆润，壶泥细，制作工艺精巧，是道光时名匠邵友兰作品。

“石楳摹古”款长方形壶。此壶朱石梅刻竹题诗，柄下端有“用霖”小印章款。上海博物馆藏一件底款为“道光十有九年石楳监造”虚盖石瓢壶，南京博物院藏一件道光九年朱石楳铭包锡磋方壶，还藏一件朱石楳铭刻梅花诗句钟形壶，把端为“申锡”小印章款，此壶底凸印“茶熟香温”，篆字款。上海博物院与南京博物院收藏的这几件朱石楳壶均古朴典雅又有具体年款，证实了我院落“石楳摹古”紫砂壶为道光时的作品。朱石楳原名朱坚，擅长金石书画，是略晚于陈曼生的文人。常与陶艺家彭年、申锡等人合作制壶。我院还有一件“茶熟香温”款阴阳文长方壶，与南京博物院藏品相互对照款识的风格相同，也应是道光时作品。值得研究的是，“茶熟香温”是否是朱石楳的室名。

“虔荣”款紫砂壶，此壶扁圆腹，短流曲柄，壶身光素无纹饰，壶底篆书诗句及虔荣铭。这件壶的造型与置铭于底的做法，均与香港一件“虔荣”款莲子壶相同，香港这件壶底款楷书“岁在辛卯仲冬虔荣制时年七十六并书”16 字，为道光十一年作品。据介绍，此壶数千年中辗转新加坡、中国台湾、中国香港，现为私人收藏家寄存在香港中文大学文物馆。虔荣，潘姓，字菊轩，经历了乾隆、嘉庆、道光三朝。联系我院虔荣壶也应是道光年

图 34/ 宜兴窑诗句筒式壶　清

代的。其特点是壶形莲子式光素无纹饰，将字铭置于壶底。

其他带款的紫砂器还有以下一些：

邵玉棠款覆斗式紫砂壶、蒋贞祥造款扁圆形紫砂壶、杨梦臣款提梁式紫砂壶、荆溪惠孟臣制款菊瓣小壶、荆溪邹贵犹款紫砂广彩大壶、荆溪华凤翔制款紫砂炉钧大茶壶、荆溪陈制款黑砂壶、邵元祥款提梁紫砂大壶、邵元祥款刻诗紫砂大扁壳、“朱龙”款荷叶式紫砂水壶、“味泉”款竹节式紫砂茶壶、“东溪”款刻诗刻竹提梁紫砂壶、“笨岩”紫砂壶、“芝亭”炉均釉紫砂小壶、“芝亭”题字紫砂壶（腹部“东溪”刻诗）、“绶馥”回文龙琉璃柄紫砂壶、“荆溪”炉钧釉紫砂壶、“荆溪”紫砂大扁壶、“石溪”款紫砂瓜式壶、“大方”款紫砂金彩篆文龙流壶、“芝兰”款碧云穿破玉玲珑壶、“汉瓦”铭紫砂小壶（汉瓦二字刻在盖顶系面上，图 35）、“海村”款紫砂刻字凫壶、“国良”款紫砂提梁壶、“吴南石堂”款紫砂印回纹鼎炉、“世德堂”款紫砂包袱式壶、“松鹤轩”款紫砂壶（民国）、“自□轩”款刻花提字米色砂壶、“陈□堂”款瓜式紫砂小壶、“虹舫品定”簋式紫砂壶、“冰心道人”款紫砂壶（程寿珍制作。程寿珍为晚清陶艺家，所用印章为“冰心道人”、“八十二老人”等）、“邹东帆制”款黑砂蟋蟀罐、“李圣明造”款黑砂蟋蟀罐、“杨季初款”彩绘山水人物紫砂笔筒（清乾隆，此人制作过宫廷御器）、“孟臣”款紫砂广彩开光花鸟小笔筒、“友义”款米色砂连座小笔筒、“王南林制”款紫砂盖罐、陈觐侯款紫砂莲瓣碗（清乾隆）、邵任远款紫砂莲瓣碗、“陈子畦制”款紫砂海棠式盖盒及陈鸣远、蒋蓉、鹤邮、石民、徐少农、徐鼎等人款的干果或干果盘（有菱角、核桃、瓜子、花生、荔枝、荸荠、蚕豆等）。“茶熟香温”款紫砂花浇（底刻“岁在道光甲午谷雨前五日心轩主人造”）、“韶眀仿古”款紫砂梅花式花盘、“逸公”款紫砂光素小盘（盘心刻二字）、“惠汉公制”款紫砂刻万寿字盘、“韩记”紫砂双兽面衔环水丞（孙瀛洲捐献，水丞底有四个标记“韩记”、“闰堂”、“三合”、“浭阳”）、“史宝丰造”款紫砂蝠寿小方花盆（清乾隆，盆外浅米色泥绘影梅亭及印寿字和蝙蝠）、“陈圣思制”款紫砂佛手式杯（杯外刻“香从指上升，疑似仙人掌”十字，后为“陈圣思制”四字方印，图 36）、“牧冰造”紫砂里挂白釉八方小杯（杯外刻“一片单心瘦石醉后刻”）、“祖德”紫砂里挂白釉小杯（杯外刻“一片单心阳羡瘦石刻”）。

图 35/ 宜兴窑汉瓦铭小壶　清道光

图 36/ 宜兴窑陈圣思款凸雕佛手诗句杯　清

四、明清两代的宜均釉陶

宜均是宜兴鼎山地区所产的一种带釉陶器。而“宜均”一词出现较晚，近代瓷书《饮流斋说瓷》说：“欧窑一名宜钧，乃明代宜兴欧子明所制，形式大半仿钧，故曰宜钧也。”清乾隆时人唐秉钧《文房肆考》“宜兴”条中记：“明时我江南之常州府宜兴县欧姓者，造瓷器曰欧窑。有仿哥窑纹片者，有仿官均窑色者，彩色甚多，皆花盆奁架诸器，旧者颇佳。”可见宜均为宜兴地区在明代民间创制的一种仿钧釉为主的带釉紫砂器。明谷应泰的《博物要览》“均窑”条说：“近年新烧，皆宜兴沙土为骨，釉水微似，但不耐用。”另有明代记载说：“近复出一种似钧州者获值稍高。”可见宜均在明代后期已闻名于世。并指明宜均的特点釉色有仿钧、仿哥、仿官，彩色甚多。造型有花盆、奁架诸器，不耐用。故宫明代的宜均传世品有仿哥釉琮式瓶、天蓝釉凫首壶（图 37）、桃式水注、秋叶大洗、六方洗、水丞、葫芦式瓶。蓝灰釉的仿古铜纹方壶、高 45 厘米的蓝绿釉长颈瓶、海螺式洗（图 38）等都别具一格，但花盆奁架之器少有。值得提出的是对明代宜均的认识问题。

第一，明代宜均釉紫砂器与广东石湾窑釉陶不易区别，院藏明代地方窑传世品中，宜均与广窑混合放在一起收藏，在整理和鉴别时曾将广窑或称为阳江窑（胎体厚重，施较厚的窑变花釉者）及天蓝釉的宜均等物划分出来，但至今一些仿米色哥釉等器的产地仍存疑，它们是宜均还是广窑有待今后考察。

第二，天蓝釉的桃式水注等天蓝釉宜均器物是“明”还是“清”也是值得探讨的。桃式水注现陈列在陶瓷馆的明代地方窑柜内。冯先铭先生在《略谈故宫博物院藏明清瓷器》一文中将桃式水注定为清代，并结合清宫造办处档案进行考证。雍正七年闰七月初六日档案：“郎中海望持出……宜兴双喜水丞一件、宜兴仙桃一件、钧窑花插一件、钧窑秋叶笔洗

图 37/ 宜均天蓝釉凫首壶　明

图 38/ 宜均灰蓝釉海螺洗　明

一件”，档案所记前两件为宜兴窑产，后两件为钧窑产。而钧窑无花插及秋叶洗，清宫旧藏秋叶洗多属宜兴仿均作品。冯先生在世时还曾指出过，故宫旧藏的这些文房四宝都应是宜兴的，但无圆器（盘、碗之类）。档案中无广窑的记载。如按冯先铭生前意见院藏宜均天蓝釉的器物应划归到清代藏品中去。据宜兴羊角山古窑址调查发现的大量早期紫砂及欧窑器残片，可见“欧窑釉较为丰富，釉色有绿、月白、黄、灰诸色。制作也较规正，盆底足多有云纹饰，但未发现款识”。“这些欧窑产品当在明末，而盛于清代”。

清代宜均也很名贵，据清光绪陈浏撰《陶雅》一书介绍：“近日宜均绝昂贵，大印合有浑圆者，有四方者，盖内蓝晕有甚美者。”从故宫藏品看清代宜均在制作上比明代有很大进步，不仅仿各种釉色，造型丰富多样，在装饰上出现凸花、雕花、镂空等多种技法，有的器底为沙底并印有款识。如故宫藏天蓝釉镂空花篮，全器是在泥片上镂雕菱形孔组成镂花，然后镶接成型，素烧后再釉烧而成。花篮中心附一铜胆，可插花，将花篮吊起非常优美。还有仿米色哥釉凸雕莲花式洗，形象生动。仿米色哥釉凸花缠枝莲花梅瓶古朴雅致。带款器如“就正轩造”款仿米色哥釉花口碗、“宜兴县鼎山葛木椿造”天蓝釉腰圆式大水仙盆、“周□□”款灰蓝釉直口大罐、“陶尚主人”款灰釉葵瓣式盘（图 39）等。还有“葛明祥造”或“葛源祥造”款灰蓝釉橄榄式瓶，也是当时著名产品。晚清瓷书记载葛氏为清代乾、嘉时人。

总之，故宫博物院紫砂藏品很丰富，本文仅有重点地介绍，是根据笔者十几年前工作笔记整理归纳的，故宫院藏陶瓷器数十万件，历年整理任务繁重，对明清两代景德镇以外的地方窑产品，未作过重点研究，本文有错漏之处，希望同志们指正。在写此文过程中借鉴了顾景舟主编《宜兴紫砂珍赏》一书中的许多珍贵资料，使一些藏品的年代、作者进一步确认下来。

图 39/ 宜均梅花式盘　清

紫砂器的鉴定

王健华

从明代中期紫砂茗壶创始以来，侍童供春向金沙寺老僧学习壶艺开始，紫砂器的制作多是子承父业，师徒传承，从选砂，打泥片，装身筒，到落款刻字全由一人操作，造型设计全凭个人的艺术爱好而定。同官窑瓷器相比，它始终没有形成大规模的生产，也未能统一器形、尺寸、落款等，是完全“各自为政”式的独立经营，为纯个体作坊式的民间艺术品生产。历代的名家作品在当时就有仿制，这也是不争的事实。对于同时代的仿制品，我们现在也很难分清哪一件是名家亲手制作的，哪一件为高手仿品。民国初年，几乎所有的紫砂界高手都被延聘上海，对历代名家作品进行精心仿制，烧制出难以统计的仿名家款作品，这些仿品均源于名家旧器实物，水平极高，遗存至今，给鉴别工作带来极大困难。近30年来，经国内外众多专家学者的不懈努力，同时结合近年来地下出土物的印证，对于紫砂器制作年代的鉴定有了很大进步，基本上可以根据砂质、颜色、加工手法、造型等诸多方面综合分析出作品的大概年代。但对于名家署款的器物目前还没有科学的鉴别标准，有待于今后进行更加细致深入的研究。

一、从特征上判断年代

首先是造型。造型是最能体现陶瓷器时代精神的鉴定要素之一。如同人的骨架，是少年、中年，还是老年，内行人一看便知。紫砂器从明代至今，有一个从简单到复杂，从粗犷到精细的发展过程，不同的时代有不同的审美标准、生活习惯以及技术条件，因此生产的砂壶产品就有不同的造型特点及艺术风格。对紫砂器的鉴定，首先要明了各个时期砂壶造型的基本特征，以及演变发展的一般规律。例如，明代的紫砂壶造型多以方形、圆形、筋囊式为主，线条简约，壶体偏大，平实质朴，给人以一种厚重质朴的感觉，光素而少华丽，更加贴近百姓生活。清代初期的砂壶造型与瓷器一样，出现了专供宫廷、皇家使用的精工细琢的宫廷壶，多以自然形和几何形为主。另有一些民间实用型壶类，壶形小、流短、小耳柄，形制小巧玲珑。清末及民国初期的砂壶造型款式增多，附加装饰也增多，以仿古代名家为主，在形制上没有多少创新。

其次是胎质。紫砂器的胎质具体地说就是泥料。不同时期的泥料有着不同的泥质，而不同的泥质呈色、肌理都是不尽相同的。明代紫砂与清代紫砂在泥料上的区别如同当时的瓷器一样，明代紫砂使用的泥料内含颗粒状粗砂，给人的感觉是粗糙的，这是当时的炼泥淘洗技术相对落后之故。有关资料表明，明代紫砂泥料的目数为 25 ～ 30 目，清中期为 55 ～ 60 目，近现代为 100 ～ 120 目 (目数说明泥料的精炼程度)。目数低，颗粒粗，孔隙大，用手指弹击，声音沙哑、发闷。明代的砂壶多是墓葬出土物，胎体吸收了地下的水湿气，表面失光。1965 年南京市中华门外明司礼太监吴经墓出土的壶，是我国目前有纪年可考的最早的紫砂壶，此壶的泥料与 1976 年羊角山遗址所出的残器相同，泥料粗，接近缸胎，有生烧和火疵现象，由于是与缸瓮类一起入窑，所以壶身局部沾有少量的釉泪。明代制壶的泥料只是将最初用来制作大缸大瓮的泥料略加澄炼而已，杂质较多，所以器表粗糙。清代的泥料，澄炼工艺总体提高，出现了紫砂细泥，这种状况与工艺史的发展进程相吻合。清代制品砂泥细腻润泽，显示出古朴的意趣。由于经常把玩摩擦，久而久之，会有一层光亮面，俗称“包浆”，如同古代硬木家具，年代久远自然而然地产生光亮面一样。有些自然形的制品，仿生花果、动物、昆虫等，器表也会有一层微弱的光泽。对于泥料辨认，在紫砂壶的断代认识上是十分重要的环节。

二、从制作工艺上判断年代

制作砂壶的成型工艺，各个时期有所不同。这些工艺范围还包括了烧窑的方法、烧成气氛、窑炉结构、燃料等诸多方面，这些外在的因素都会在成品上或多或少留下时代痕迹，因而也就成为我们今天断代的凭据之一。明代创始期的壶是以手捏制为主，壶内胎往往有掏空时捏按的指纹。晚明的时大彬创制了木模制壶方法，壶内壁不见指纹，而略留有竹刀刮削的痕迹，在柄与壶身、流与壶身相接处往往比较粗糙，有时为美化接痕而贴上柿蒂形泥片而成为最早的附加装饰。盖与钮的相接处有时也会这样处理。由于明代常将壶放在缸中套烧，所以常有缸瓮飞洒的釉泪沾在壶体表面，有的砂壶还因受火的原因凸起气泡，使表面凸凹不平，壶内壁薄厚不一。很多情况下由于温度不够，砂壶不能完全烧结，故此胎质较为疏松。清代的紫砂壶一般采用打泥片，再捋泥片镶接而成，所以壶胎厚薄均匀，制作精细。制壶大家仍然坚持以手捏制为主，如陈鸣远、杨彭年等人。近现代大宗产品采用注浆成型，壶身略加修饰就极为光润，砂质细如膏泥，干脆而不润泽，里外极规整，手感极轻。注浆成型的紫砂壶，需用较多的黏性土掺和砂泥，实际上紫砂的比例已经很小了，从严格的意义上讲，它根本不是紫砂，而是黏土与砂泥的混合物，艺术性更是无从谈起。

张虹《阳羡砂壶图考》云："就所见宜壶，查其造工，由明以后迄顺康，以捏造车坯为多，全以手捏与印模者罕见。雍乾市制之器，印坯车胎为广，及嘉道之世，曼生司马重倡壶艺古法，是故捏车胎之法极盛，如杨彭年、邵二泉、邵景南、冯彩霞、黄玉麟诸人所制之壶俱用此法，若全以手捏则间见耳。就印模与捏造而论，印模之法易精，在工业为进步。捏造之法难精，在技能上为绝。故印模之法便于仿行，捏造之法庸工不易措手也。名家之壶俱以捏造见长，坐是故耳。"文中所指的清中期盛行的车胎，是指在紫砂坯体尚未完全阴干仍含有少量水分时，圆壶的外壁可以在车盘上轻细地修刮，这种方法只适用于圆壶，而不适于见棱见角的其他造型。车胎的前提仍旧是手捏出大体的壶形，成型后器表用轮盘旋转略加修饰，这种手法一直沿用到清末。

三、从款识和铭刻上判断年代

紫砂制品上的款识和铭刻即指刻、印、划在砂壶表面起装饰作用的文字，用以表明它产生的年代、制作者、使用者等很多因素，是断代认识上应当借鉴的依据之一。不同的时代，刻款铭字的部位和方法均不相同。在书体上，明代都为楷书，清代早期楷、篆并用，后期篆书为主。有些实物的鉴定我们就是根据造型、胎质、工艺、款铭的一般规律看出破绽的。例如：故宫博物院收藏一件时大彬款紫砂掇球壶，形体硕大，高 28 厘米，口径 13.7 厘米，足径 15.5 厘米，球腹，短粗颈，大曲柄、弯流，盖钮镂空透雕钱形纹，腹部刻画行书诗句"江上清风，山中明月"，句尾刻"丁丑年大彬"。壶造型饱满，胎体厚重，砂泥呈紫红色，光泽明润。许多人认为这是一件时大彬真品，曾多次展出陈列。笔者以为，就一般规律而言，大彬壶书款的位置，从明墓出土及流传至今的大彬真品综合分析，还较少发现将款识刻画在壶腹部的例子，多是刻款在壶的底部。诗句刻在腹部，这种布局自清康熙起较为流行，到乾隆朝及以后则成为一种主要的装饰风格。就目前所掌握的资料统计，明代砂壶还少有例证。精细的雕镂盖钮，更是清前期的风格。大壶的尺寸也超出常规，结合精炼的泥料及制作工艺，基本上可以断定是后仿品。由于是故宫博物院旧藏品，可以排除是民国仿。如果我们再从制作工艺看，其砂泥色泽润泽，包浆光亮，壶体内外修饰规整，盖钮玲珑剔透，更符合清代乾隆前后制壶特征。就壶的大小而言，大彬真品多属中型，没有超过 20 厘米的，均为素面素心，光素无纹，少见有镌刻诗句于壶腹的。出土的几件大彬壶以简朴洗练的造型，不事繁缛的刀工展示着质朴无华的纯朴之美。仿制品腹部刻诗内容源于宋代大诗人苏轼《前赤壁赋》的"惟江上清风，与山中明月"句。赤壁赋诗篇被用于陶瓷器的装饰，最早见于明朝万历景德镇民窑青花瓷碗上，清康雍乾时十分流行。这件仿大彬紫砂壶应为康熙时宜兴制壶高手所为。虽不是大彬真品，但制作挺括，盖口严密，功能合理，体硕大而不笨拙，完全承袭了明代大彬壶敦厚肃穆的风格，代表了清代前期紫砂壶艺的高超水平，弥足珍贵。

四、从风格上判断作者

因紫砂器流传的年代不太久远，所以考古发掘出土物极少，各大博物馆的旧藏品也很有限，绝大多数作品是由民间代代相传。紫砂艺人制作砂壶的最后一道工序，就是在壶底或在壶盖、柄下端钤盖图章，也有用刀直接刻款的。由于印章材料坚固，名人印章一般可以沿用若干年，甚至终生使用，应该说印章款的鉴别是判断作者的直接依据。但也不尽然，其一，名工大师去世后，其家人乃至门徒仍继续使用遗存的印章，这种情况是较普遍的；其二，仿制得惟妙惟肖的名人印章和仿制名家砂壶是同步而生的。对于高水平的仿品，稍有疏忽，就容易出现判断上的失误。印章的真伪固然是一个方面，但并不全面，还必须结合作品的风格品位综合地认识才不至于失之偏差。

一般考古学家的断代方法，是根据地层，依器物造型来分类归纳，即以造型为主线，总结、排比各个不同时期的特征并找出规律性。紫砂器的鉴定也是以造型为主线的。由于紫砂器是纯粹个体的艺术创作，因此它能体现每一位艺师潜在的审美能力和所擅长的表达方式，同时每一位生活在不同时代、不同时期的艺师，无论做成何种形制的紫砂器，采用何种署款方式，都不可能脱离当时的社会背景。时尚的变化、个人生活环境都直接影响到艺师本人的创作态度与灵感，他们会自然而然地在作品中流露出对艺术的独特理解与追求，日积月累形成他们各自的风格。

紫砂壶与其他门类的工艺美术作品是相通的。书画、金石、玉器、织绣历来是分为多种层次的，最高档次当属于艺术层次，中低档次的属于普及层次。艺术层次的工艺作品绝少匠气。紫砂艺师根据可塑性极好的泥料随心所欲地捏塑出各种造型，匠心独运，形成各自不同的艺术风格，同一时期的名工可以制出品位完全不同的作品，只有既具时代特征又具艺术价值的作品才称得上艺术层次的上乘之作。名家茗壶高矮的比例，线条转折都恰到好处，差一点就平庸，多一分就俗气，线条曲弧有时完全凭作者的感觉去控制，这种感觉来源于作者本人的艺术修养和长期的实践经验。鉴定传世的名家作品，特别是明、清两代流传下来的砂壶，必须要掌握的是这些名家所处时代的基本特征与风格，作品中有没有那个时代的气息与烙印，要综合考察作者一贯的制作风格。近现代的伪作多技精而韵味不足。壶的神韵是艺术生命所在，这是只能感觉到而难以言喻的境界。名家们各自不同的艺术风格是我们鉴别作品的重要依据之一。

历史上，每个相同的时期，紫砂艺师们所使用的紫砂泥基本没有太大区别，只是炼泥调制的配方各有不同，秘不示人。他们往往各自习惯使用自己配制的砂泥，呈现出砂质的粗细、颜色肌理的不同，严格地区分和观察会发现他们各自的规律性。同一位名家制出的三个造型不同的砂壶，从表面上看它们是完全不一样的，但若仔细观察壶的外弧线，柄的曲度，流与颈的角度，就会发现它们有惊人的相似之处。就同一位艺师而言，他的壶艺会随着不断的积累、探求而精深，不同时期也会略有变化，但成型的线条与细微之处的处理方法，犹如一个人的笔迹一样，基本上已成为一种习惯，技法与风格是一致的，不会有太大的差异。历代紫砂名工的特征与个性会融合到他的作品之中，形成鲜明强烈的个人风格。例如我们公认的第一大家时大彬的作品，除《阳羡茗壶系》谈到的“或陶土，或杂硇砂土，诸款具足，诸土色亦具足，不务妍媚而朴雅坚栗，妙不可思”之外，我们还应结合明墓出土的标准器进行研究。1984 年 4 月出土于无锡县甘露乡明代华师伊夫妇墓的三足如意纹盖壶，是时大彬可靠的真品，深栗色的砂泥中夹杂许多金黄色的颗粒，三小足与壶身浑然一体妙趣天成，流、钮、柄对称呼应，天造地设般的质朴古雅。柄下与足间刻楷书“大彬”二字，字体端正有力，雍容大度，十分耐看。另一件 1968 年扬州江都乡洪飞大队曹氏墓出土的六方壶，是把六块长方形的泥片镶在壶底外周，肩以上改成圆口圆盖钮，方圆结合，均衡谐调，体现了古人“天圆地方”的认知观。这种壶的砂泥呈红褐色，夹有银白色的星点，这就是文献中提到的掺杂硇砂，质地较细润。从形制上看两只壶不一样，曹氏墓出土的六方壶款识刻在壶柄与流的平行线上，但就两壶的工艺制作水准和美感而言，古雅质朴，令人回味无穷的韵调却是相同的。

大彬壶赝品很多，明末清初以来，层出不穷。有些制品是作者仰慕大彬的名气，心慕手追，精心仿制；有些制品特别是近年来的伪作，往往是粗制滥造，风马牛不相及。比较好的仿品往往流于工细而古雅之趣不足。明代大彬壶给欣赏者的第一印象并不是多么精致绝伦，而是如同同时代的器物一样“古泽朴人眉宇”。被称为“壶家三大”的李仲芳、徐友泉也是如此。如李仲芳的扁圆壶，徐友泉的仿古铜器盉形壶、三羊水盂等，都真实地反映出明末士大夫阶层怀旧嗜古的书斋生活，与时大彬的风格品位一脉相承。此后，清初以陈鸣远为代表的名家作品也独见作者个人的思想意趣，同时也各有侧重和擅长，流派纷呈，各放异彩。如陈鸣远的旷世之作东陵式、蚕桑式仿生作品；惠孟臣玲珑剔透的朱泥水平松竹梅小壶表现的高风亮节；邵大亨的八卦太极壶体现出道家派的哲学思想，瓜果树瘿、禽鸟虫蛙，惟妙惟肖，令人叹为观止。如同国画的画家，有的擅长山水人物，有的擅长花鸟翎毛，有的专攻佛道界画，他们对某一类题材特别精到并逐渐为社会上文人士大夫阶层所认同，他们所精深的方面一定是超过了同时代的其他同行，因而形成了不同于他人的个人风貌，换句话讲，就是个人的艺术品位和层次。凡是具有神韵的名人壶，皆有鲜明的个性，超凡脱俗。仿品只能仿其形，形似而神不似的茶壶只能算是用具而已。名人茗壶，第一不可以逾越出他生活和创作的时代，第二必然体现他一贯的壶艺特色，展现出高品位、高层次的思想内涵和制作水准，否则，就有可能是伪作。从造型、作品的风格品位去认识作者，这个方法应该是切实可行的。

综上所述，历史上各时期的紫砂器在造型、工艺手法、款识，以及泥料、装饰方面都具有各自不同的风格和特点。我们在总结一般规律的同时也要考虑它们的特殊性，有些名家往往出人意料地显示出本人的全面性，例如陈鸣远，他的壶以自然仿生的花货为主，也有光圆的几何形，风格多变，多姿多彩。随着紫砂研究的不断深入和收藏紫砂热潮风起云涌，仿品越来越多，而且越来越精，令人眼花缭乱。只要我们掌握紫砂器鉴定的基本知识，通过造型理清时代的脉络，了解各时期的名家作品的不同风格及工艺手法，同时不断提高自身的艺术修养和鉴赏层次，就一定能识破各种伪品，还古代紫砂器以本来面目。

明清紫砂名家传略

金沙寺僧

佚其名，明代正德间人，闲静有致，习与陶缸者处，抟其细土加以澄炼，捏筑为胎，规而圆之，刳使中空，踵传口、柄、盖、底，附陶穴烧成，人遂传用。僧做壶喜用紫砂泥，当以指罗纹为标志。金沙寺在江苏宜兴县东南 40 里，唐相陆希声山房故址。

供春

明代四川参政吴颐山家童。颐山尝读书金沙寺，供春给使之暇，窃仿老僧心匠，亦淘细土抟胚，指掠内外，指螺纹隐现可见，胎必累按，故腹半尚现胰，审以辨真，今传世者，栗色暗暗，如古金铁，敦庞周正，允称神明垂则矣。供春制茶壶款式不一。虽属陶器，海内珍之，用以盛茶，不失原味，故名公、巨卿、高人、墨士恒不惜重价购之。传器有失盖树瘿壶，全身作老松皮状，凹凸不平，蟹类松根。又“项氏历代名瓷图谱”所记六角形及圆形变色壶各两器，以为天地间怪诞之物。

董翰

字后谿，明万历时人。始造菱花式，极其工巧。

赵梁

梁亦作良，明万历时人。多做提梁式壶。

元畅

又作元锡、袁锡，明万历时人。以无传器款章，未知孰是。

时朋

朋亦作鹏，大彬父，明万历时人。与董、赵、元为四名家，乃供春之后劲，但董尚文巧，而三家多古拙。

传器见香港艺术馆刊水仙花六瓣方壶，底有“时鹏”楷书款。

李茂林

字养心，明万历时人。擅制小圆式，妍丽而质朴，尤属名玩。陈定生称其壶在大彬之上，为供春劲敌。

传器见香港艺术馆刊菊花八瓣壶，底有“李茂林”楷书印款。

时大彬

号少山，时朋之子，明万历间人。壶艺传至大彬，始蔚然大观，为成熟时期。初期制作之敦朴妍雅，故壶艺推为正宗。其制法，陶土之内杂以硇砂，尝毁旧甓，以杵舂之，使还为土，范为壶，燂以焰火，等候出之，雅自矜重，遇不惬意者碎之。诸款具足，诸土色亦具足，宜乎周伯高推为大家……时为人敦雅古穆，壶如之，波澜安开，令人起敬。其下俱因瑕就瑜矣，凡所制壶不务妍媚，而朴雅坚致，妙不可思。初仿供春，喜作大壶，后游娄东，闻陈继儒与琅琊太原诸公品茶试茶之论，乃作小壶。几案陈一具，生人闻远之思，前后诸名家皆不能逮。遂于陶人标大雅之遗，擅空之日矣。吴梅鼎品评，称其典重，又谓其曲尽厥妙，尝挟其术以游公卿之门，其子后补诸生，或为四大书文以嘲之云："时子之入学，以一贯得也。"盖俗称壶为罐。观此足见当时士大夫之好尚矣。陶肆谣云："壶家妙手称三大"，盖谓时大彬、李仲芳、徐友泉也。所传弟子甚众，皆知名于世。

传器有梅花壶一、僧帽壶一、菱花八角小壶一、六合一家壶一。(见《砂壶考》)

又：柿饼形壶一，扁如柿饼，不得容杯水，柄下刻"大彬"二字。

李仲芳

明万历时人茂林子，行大。及大彬门，为高足第一，制度渐趋文巧，其父督以敦古，仲芳尝手一壶，视其父曰："老兄这个如何？"俗因呼其所作为老兄壶。后入金坛，卒以文巧相竞，今世所传大彬壶，亦有仲芳之作，大彬见赏而自署款识者，时人语曰："李大瓶，时大名"，吴梅鼎评仲芳壶有"仲芳骨胜而秀出刀镌"一语，阮葵生亦谓仲芳砂壶制法精绝，在大彬右，其造诣可知。

传器有《茗壶图录》所记仲芳梨皮泥壶一具，底署"万历戊午秋九月望日为叶龛先生制，仲芳"楷书。

又：梨色中壶一具，盖大而圆，底署"李仲芳"三字楷书。

又：香港艺术馆刊仲芳觚菱壶，底署"从来佳茗似佳人，仲芳"。

徐友泉

名士衡，明万历间人。原非陶人，其父好大彬壶，延致家塾。一日强大彬作泥牛为戏，不即从，友泉夺其壶土出门去，适之树下眠牛将起，尚屈一足，注视捏塑，曲尽厥状，携以示大彬。大彬一见惊叹曰："如子智能，异日必出吾上。"吴梅鼎茗壶赋谓其"综古今，极变化，技进乎道，集斯艺之大成"，可谓推许备至矣。

传器据《砂壶考》云有：

（1）失盖紫砂壶，形扁而底有真书“友泉”二字。

（2）褐砂中壶，式度质朴，底锓“戊午仲冬，徐友泉制”八字真书。

又：香港艺术馆刊友泉紫砂虎錞壶，底署“万历丙辰秋七月，友泉”楷书。

欧正春

明万历时人。大彬弟子，多规花卉果物，式度精妍。

传器有“欧正春”楷书印之紫砂鸳鸯一只。

邵文金

又名亨祥，明万历时人。大彬弟子。仿汉方独绝，其制作为士大夫珍赏。

邵文银

又名亨裕，明万历时人。大彬弟子。制作文巧，饶有时门风格。

《砂壶考》记传器有四，式度大略相同，淡墨色，身形微扁，肩圆，四旁光泽，底平，惟较腹部微小。底有篆书阳文方印曰：“邵亨裕制。”

蒋伯荂

名时英，初名伯敷，后客于陈继儒，为改字伯荂，因附高流，讳言本业。明万历时人。大彬弟子。凡所制作，坚致不俗，其壶样相传为项墨林定式，呼为“天籁阁壶”。

《砂壶考》记传器有二，其一为六角中壶，式如宫灯，色浓紫，陈眉公题四言诗四句，分书于六角壶身，且代为书款。

陈信卿

明万历时人，仿时、李传器，有优孟叔敖之肖，较陈用卿作品，虽丰美逊之，而坚瘦工整，雅自不群。惟征逐贵游间，不复壶志尽技，间俟弟子造成，修削署款而已。

传器有香港艺术馆刊紫砂梨皮开光方壶，底镌“翠竹轩，信卿”楷书款。

邵盖

明万历间人，制壶工巧，与大彬同时而自树规模。传器有紫砂大壶两柄，俱作扁花篮形，底有“邵盖监制”阳文篆章，字法与邵亨裕、亨祥章相类，足证诸邵同属一家，故世有“邵家壶”之称。

又：沙梨皮小朱壶一具，作圆珠式，底镌“邵盖”二字。

周后溪

明万历间人。

邵二孙

明万历间人。

陈用卿

明天启、崇祯间人，与时大同工，而年技俱后，负力尚气，曾得罪衙吏，致陷狱中，俗名陈三呆子。式尚工致，丰美如莲子、汤婆、钵盂、圆珠诸制，不规而圆，已极妍饰。款仿钟太傅帖意，落墨拙而用刀工。吴梅鼎《阳羡茗壶赋》论用卿壶以“浑成醇厚”称之。

传器有紫砂壶一具，淡墨色，身圆，鋬如半环，盖小，的圆，身镌“秋水共长天一色，丁卯用卿”11字，“丁卯”年即明天启七年（1627年）。其书法仿钟繇，落墨拙而用刀工者，此之谓也。

又：深紫色大壶一持，造工朴拙，身镌“山中一杯水，可清天地心。用卿古式”句，书法在行草之间。

闵鲁生

名贤，明季人。仿制诸家，渐入佳境，人颇醇谨，每见传器，则虚心企拟，不惮改作，技也进乎道矣。

陈仲美

明季婺源人。初造瓷于景德镇，以业之者众，不足成名。弃去之。好配壶土，意造诸玩，如香盒、花杯、狻猊炉、避邪镇纸、鹦鹉杯等类，重锼叠刻，鬼斧神工，壶像花果，缀以草虫，或龙戏海涛，伸爪出目。至塑大士像，庄严慈悯，神采焕生，璎珞花蔓，不可思议。智兼龙眠、道子，心思殚竭，以夭天年。吴梅鼎许其壶巧穷毫发。或谓为神品。

传器有香港艺术馆《宜兴陶艺》刊束竹柴圆壶一具，款题“万历癸丑陈仲美作”楷书，癸丑年为万历四十一年（1613年）。

又：同上刊犀牛一尊，镌“陈仲美制”阳文小篆印。

徐令音

疑是友泉子，即世称小徐者。徐喈风编《重修宜兴县志》称友泉、用卿、君用、令音皆制壶名手，与诸人同列，想必造诣在伯仲间矣。

传器曾见香港苏士比公司出版《宜兴陶器》上刊一鱼头水丞，底镌“徐令音制”阳文小篆章。

陈辰

字共之，明季时人。工镌壶款，当时陶人多假手焉。乃壶家之中书君也。

传器有香港艺术馆刊长方扁壶一具，款题“芳气满闾轩共之”七字楷书。

又：苏士比刊共之壶一持，与上同。

陈正明

明天启间人，制器极精雅。

传器有署款“壬戌秋日陈正明制”者，“壬戌”即天启二年（1622年）。

陈光甫

明天启、崇祯间人，仿供春、大彬，有入室之誉。天夺其能，早眚一目。相视口的，不极端致，然经其手摹，亦具体而微矣。

陈用卿

明天启、崇祯间人，时大彬弟子。

沈君用

明天启、崇祯间人，名士良。踵仲美之智而研巧悉敌，壶式上接欧正春一派，至尚像诸物，以离奇著称，其器无论方圆，旬缝不苟丝发，配土之妙，色象天错，金石同坚，自幼知名，人呼之曰“沈多梳”。巧殚厥心，崇祯十七年（1644年）四月过世。周高起《阳羡茗壶系》定为神品。

传器有红泥粗砂小壶一具，流短而鋬反，制作极精，壶底镌“大明天启丁卯君用制”楷书三行，“丁卯年”即天启七年（1627年）。

陈和之

明天启、崇祯间人。

传器有紫泥小壶一具，流直而仰，撩环而纤，腹圆而丰，底着地无足而凹。口内设堰圈，盖之弥合。的成乳形，流下镌行书“陈和之”三字，其书法晋唐遗风，泥色浓紫，或为猪肝色。以指摇盖，作金石铿锵之声，日本奥兰田氏《茗壶图录》载之。

又：朱泥砂壶一具，形扁如合欢壶，底镌“陈和之”楷书，旁附“和之”篆印。

陈挺生

明天启、崇祯间人。

承云从

明天启、崇祯间人。

传器有香港艺术馆及苏士比刊桂花四瓣壶一具，底镌“云从制为履中先生”八字楷书。

周季山

明天启、崇祯间人。

徐次京

明天启、崇祯间人。

传器有香港艺术馆刊三足龟水滴一件，底镌“次系”阳文篆书方印。

又:《名陶说》云:一壶底有八分书“雪庵珍赏”四字，并楷书“徐氏次京”四字在盖之外唇，启盖方见，笔法古雅。

沈君盛

明天启、崇祯间人，擅仿徐友泉，为大彬再传弟子，而参以沈君用法。

沈子澈

明崇祯间桐乡县人。居青镇，擅制瓷壶、文具，与时大彬齐名。《桃溪客话》云:“子澈胜国名手，至其品类，则有龙蛋印方、云罍、螭觯、汉瓶、僧帽、提梁卣、苦节君、扇面方、芦席方、诰宝、圆珠、美人肩、西施乳、束腰、菱花、平肩、莲子、合果、蝉翼、柄云、索耳、番象鼻、鲨鱼皮、天鸡、篆珥、海棠、香合、鹦鹉杯、葵花、茶洗、仿古花尊、棋花垆、什锦杯等，大都炫奇争胜，各有擅长，姑举其十一耳。”观子澈制作，力追友泉，所制壶式亦多相类也。

传器有长方壶一具，鋬、流与的俱方，制作古雅，底有“沈子澈制”阳文篆书方印。

又:香港艺术馆刊弗里尔艺术馆藏葵花菱壶一具，有崇祯壬午十五年（1642年）铭。

惠孟臣

明天启、崇祯，清顺治、康熙间江苏宜兴人。所制壶大者浑朴，小者精妙，亦大彬后一名手也。后世仿制者多，则明显可知。其壶以竹刀划款，盖内有“永林”篆书小印者最精。其作品朱紫者多，白泥者少;小壶多，中壶少，大壶最罕。书法绝类褚遂良，然细考传器，行楷书法不一，竹刀钢刀并用，要不离唐贤风格，仿制者虽精，书法究不逮也。

传器有楷书“文杏馆孟臣制”者。

又:梨皮老脂红色粗砂大壶一具，反鋬，短流，敦朴高古，底镌“清风拂面来，孟臣”七字行书。书法敦朴，纯用中锋，为不可多得之品。

又:小壶一持，浸粗砂，短流，反鋬，朱色沙梨皮，底镌“大明天启丁卯孟臣制”九字楷书，“丁卯”即天启七年（1627年）。

又:白砂大壶一具，制作古雅，底镌“大明天启丁卯荆溪惠孟臣制”楷书12字。

又:朱泥小壶一具，全身现沙梨皮，底镌“惠孟臣制”四字楷书。

又:朱泥大壶一持，肩膊处縠罗纹甚精，底钤楷书方印“惠孟臣制”。

又:白泥微黝大壶一持，底钤篆书方印“惠孟臣制”。

又:朱泥小壶一柄，周边縠罗纹隐现，底镌“叶硬经霜绿，孟臣制”八字，在行草之间，笔势灵动，竹刀刻，非明人不辨。

又：香港艺术馆刊孟臣小壶四持，皆为仿品，其年代自雍正二年（1724 年）迄清末，可见孟臣小壶名流衍之久远，今者赝品亦多，然书法终拙硬，无如原器娟秀也。

陈子畦

明末清初人。善仿徐友泉，为时所珍，或云即陈鸣远之父。作品多紫泥，胎薄而工精。楷书有晋唐风格。

传器有《砂壶考》所记圆珠式壶，及扁花篮式壶，底镌“陈子畦”三字楷书。

王友兰

清顺治、康熙间人。康熙四年乙巳曾制拙政图茗壶，恽南田为之记，镂于壶腹，云：“壬戌八月，客吴门拙政园，秋雨长林，致有爽气，独坐南轩，望隔岸横冈叠石峻峭，下临清池，间路盘纡，上多高槐圣柳桧柏，虬枝挺然，迥出林表，边堤皆芙蓉，红翠相间，俯视澄明，游鳞可数，使人悠悠有濠濮间趣，自南轩过轩雪亭，渡红桥而北，有堤通小阜，林木翳如，池上为湛华楼，占隔水，回廊相望，此一园最胜地也。”壶底署款“乙巳新秋石壶史临”，底印“友兰茶具”四字，盖临摹之品也。

陈远

字鸣远，号鹤峰，一号石霞山人，又号壶隐。清康熙、雍正间人。工制壶、杯、瓶、盒，手法在徐友泉、沈子澈之间，而所制款识，书法雅健，胜于徐沈。手制茶具雅玩不下数十种，如梅根笔架之类，不免纤巧，其款字有晋唐风格。盖鸣远游踪所至，多为名公巨族。吴骞云：“鸣远一技之能，间世特出。自百余年来，诸家传器日少，故其名尤噪，足迹所至，文人学士争相延揽，常至海盐馆张氏之涉园，桐乡则汪柯庭家，海宁则陈氏、曹氏、马氏多有其手作，而与杨中允晚交尤厚。”

《砂壶考》所列传器便有 10 具：

（1）细砂作紫棠色天鸡壶，上镌庚子山诗，为曹廉让手书。

（2）汪季青陶器行赠陈鸣远云：“赠我双色颇殊状，宛似红梅岭头放。”

（3）张燕昌曰：“尚见一壶题‘丁卯上元，为端木先生制’。”

（4）《茗壶图录》记鸣远朱泥壶，底镌真书八字曰：“丁未杏月，鸣远仿古。”

（5）又记鸣远紫泥壶，底镌行书 12 字：“从来佳茗似佳人，坡公句，鸣远。”

（6）方壶一具，底镂“衎斋真赏，鸣远”。

（7）海棠形小壶一具，底有鸣远款，石霞山人章。

（8）又一具，底镌“石乳泛轻花”，“陈”字圆章及“鸣远”方章。

(9) 紫砂壶一柄，底铭曰："器堕于地，不可掇也；言出于口，不可及也。慎之哉。"有"远"字款，"陈鸣远"章。

(10) 白泥大壶一柄诰宝形，底有"陈鸣远"篆文章。

另其他书籍有关于鸣远传器繁多，不及记载。

惠逸公

清康熙、雍正、乾隆时人。逸公制壶形式大小与诸色泥质俱备，工巧一类，可与孟臣相伯仲，故世称"二惠"，然赝品之多亦几与孟臣等量。伪品多属小壶，大者尚罕见。其壶泥色最奇，小壶亦有佳者，莫若手造大壶之古朴可爱也。孟臣制品浑朴精巧俱备，逸公则长于工巧，而浑朴不逮，故终稍逊耳。疑逸公或为孟臣后辈，亲承手法，故能相类若是。逸公书法无定体，楷行草书俱备，楷书尤有唐人遗意，而竹刀钢刀均备；刻镌或飞舞或沉着，非乾嘉后辈所逮也。

传器有朱泥大壶一持，气格浑厚，肩膊处縠罗纹隐现，均存清初作风。底镌铭曰："三山半落青山外"，款署"逸公制"，在行草间，竹刀刻划。

又：朱泥大壶一具，周身縠罗纹隐现，底镌"风流三接令公香，逸公制"10字，行书，竹刀刻，盖后配。

又：朱泥莲子小壶一具，浑厚雅朴，短流，长錾，底镌"流水足以自怡，逸公制"九字行书，逸公遗器此具可称为俊品。

又：紫泥小壶一具，底镌"石门柳绿清明市"七字行书，下有"逸""公"两小章。

又：紫泥小壶一具，底镌"丁未仲冬惠逸公制"八字，丁未年或即雍正五年（1727年），此为逸公制品中唯一有题款年代者，或断其为乾隆时人，以此壶题款年代推之，其时当在康熙下半叶及雍正、乾隆朝。

又：朱泥薄胎小壶一持，式度甚佳，底刻"二月江南水涨天，逸公"九字。

又：新加坡陈之初先生香雪庄藏红泥狮钮盖壶，壶身刻"甘露被野，嘉禾遂生"行草铭，又"生春"隶书铭，"逸公作于东斋"行草款。

又：香港艺术馆刊圆腹孟臣小壶一持，底镌"逸公监制"四字行书。

又：红泥壶一具，底镌"枝上月三更，逸公"楷书七字。

郑宁侯

善摹古器，书法亦工，制壶胎薄而坚致、规矩。然精工而欠浑朴，可断为清初人也。

传器有朱泥中壶一具：薄胎，制作精雅，底有"郑"字圆印，"宁侯"二字方印，均篆书。

华凤翔

清康熙时人，善仿古器，制工精雅，而不失古朴风味。

传器有仿汉方壶一持，掺角砂，作梨皮色，底镌“荆溪华凤翔制”篆书阳文印。全壶 巧而不纤，工而能朴，可称神品。

许龙文

清雍正间江苏荆溪人。所制多花卉像生壶，殚精竭智，巧不可阶，仲美、君用之嗣响也。壶底恒有二方印曰“荆溪”，曰“龙文”。据日本奥兰田氏《茗壶图录》所载，龙文藏器有四：

一曰倾心佳侣。流直鋬环，通体以秋葵花为式，千瓣参差向背分明，如笑如语，其娇冶柔媚之态，觉妃子倦妆不异。瓣在腹者最大，在底者次之，在盖者又次之。的与流、鋬亦各施工，流下有小印二，曰“荆溪”、“龙文”，泥色紫梨皮。许氏巧手，每壶无一不竭智力，而兹壶精制尤穷神妙，非他工之可拟伦也。秋葵花与蜀葵相类，故号曰“倾心佳侣”。

二曰趺坐逃禅。流弯而短，鋬环而整，腹扁而大，胎浅而虚，最宜注瀹。《茗壶系》曰“宜浅不宜深”是也，但惜形失于大耳。底有小印二曰“荆溪”、“龙文”，泥色紫而梨皮，率与藏六居士同质，通体或如结跏趺坐，宛然有物外之貌，故号曰“趺坐逃禅”。

三曰藏六居士。流弯而蒂菱，鋬环应之，盖腹底皆共六菱，底成乳形，镌真书三字曰“惜余铭”，亦有小印二曰“荆溪”、“龙文”。泥色紫而梨皮，较倾心佳侣稍淡，通体成龟形，而流鋬有昂首曳尾之态，如动如止，故号曰“藏六居士”。

四曰方山逸士。流直而方，鋬矩而成口字样，盖平坦如棋秤，底似覆斗，钮底有印曰“许龙文制”，泥色紫而梨皮，形制四面，端正类方山，故号曰“方山逸士”。

杨季初

清雍正、乾隆年间紫砂名匠，擅制笔筒、文具。

陈殷尚

清乾隆时期制壶名家，作品多署“殷尚”款识。

范章恩

字迪恩，清乾隆时人。在宜兴制壶颇负时誉。所制壶无论朱紫皆扁身，鞠流、平盖，风格娴雅。题铭书法似米芾，然是否出自迪恩手，无可考证，唯壶底及盖内印章则传器皆同。

传器有紫砂大壶一具，肉匀骨坚，别饶风格；腹镂“酒后花前云刻”六字草书，底有“范章恩记”阳文篆书方印，盖内有“迪恩”阳文篆书小章，均精美可爱。

又：朱泥大壶一具，色殊鲜艳，底有“范章恩记”阳文篆书方印，盖内有“迪恩”阳文篆书小章。

陈觐侯

清乾隆时人。擅制瓶、碗、碟等日常生活用器。

潘大和

清乾隆、嘉庆时人。生卒不详。

传器有紫砂中壶一持，腹镌铭曰“虽有甘芳不如苦茗”，款署“雪云女士雅玩，善堂制”，皆楷书，底有“潘大和制”篆书印。

又：砂胎包锡壶一持，内底有“潘大和造”篆书阳文印，壶身一面镂梅竹，一面镂铭云“一榻茶烟结翠，半窗花雨流香”，下署“石楳款”，盖大和造壶，石舋手刻也。

陈曼生

名鸿寿，字子恭，号曼生、种榆仙客等，清乾隆、嘉庆时人。擅长书画篆刻，曾任溧阳知县，与制壶名家杨彭年合作，将金石篆刻书画艺术移植到紫砂壶的创作之中，开创了饱含文化内涵的“曼生十八式”。曼生壶底多见“阿曼陀室”、“桑连理馆”款识。

陈绶馥

清乾隆、嘉庆年间宜兴制壶能手，是杨彭年之前有一定影响的紫砂名家，其代表作品是螭龙云雷纹壶，传世真品较少，民国仿品极多。

葛子厚

清嘉庆间人。缪颂游宜兴，子厚为制壶。

传器有朱泥小壶一把，泥质细腻，莹洁可玩，款署“子厚”书，流利可喜。

又：朱泥小壶一持，双釉皮，轻巧坚致，底镌“木兰带露香差似”句，子厚款，行书圆润，颇近《圣教序》。

杨彭年

清嘉庆、道光间人。乾隆时制壶多用模衔造，分段合之，其法简易，大彬手捏遗法已少传人。彭年善制砂壶，始复捏造之法，虽随意制成，自有天然风致。嘉庆间陈曼生作宰宜兴，属为制壶，并画 18 壶式与之。彭年兼善刻竹，刻锡亦佳。

传器有紫砂中壶一具，制作工巧玲珑，令人意远，壶身刻铭曰：“不肥而坚是以永年”，款书“省山三兄大人雅玩，弟德璋铭”，底钤“杨彭年造”篆文方印，亦隽品也。
又：白砂壶一持，八角形，底钤“杨彭年制”篆文方印。
又：光身方壶一柄，制工颇精，底有“杨彭年制”阳文篆书印，书法与未遇曼生前之夹锡壶印相同。
又：夹锡壶一持，内底有“杨彭年制”四字篆文凸印。
又：杨彭年为当时雅流陈曼生、乔重禧、朱坚、徐楙、蔡锡恭等制壶，其传器可参阅，以上诸人各传。

杨宝年

字公寿，为杨彭年弟。清嘉庆、道光间人。擅捏制法，曾为曼生造壶，传器恒署“公寿”款，世有误为胡公寿者。
传器有砂壶一持，底钤曼生刻“阿曼陀室”印，紫砂井栏式，铭云“井养不穷，是以知汲古之功显，伽铭，公寿作”行书五行，鋬下钤“宝年”二字篆书阳文方印。
又：香港艺术馆刊仿曼生铭铜鼓形壶，铭曰：“鼓咽泉涓润舌田，曼生为一樵。”底镌“杨葆年”篆书阳文方印。按，此葆年与宝年应属同一人。

杨凤年

字玉禽，为杨彭年妹。清嘉庆、道光间人，制壶得家法。
传器有白泥钿盒式壶，镌铭云“钿盒丁宁，同注茶经，绮雯书，玉禽制”小楷四行，书法娟秀。鋬下钤“凤年”二字篆书阳文长方小印。

邵友兰

清嘉庆、道光时宜兴制壶名家，曾为宫廷制作贡品，所制内胆壶堪称一绝，泥色佳润，严丝合缝。底款多见“友兰秘制”印章款。

邵亮生

清嘉庆、道光时宜兴制壶名家，与邵友兰同是清初以来“邵家壶”的传人。

朱　坚

字石梅，又号石楳、石眉。清嘉庆、道光间浙江绍兴人。能书兼长人物花卉，工鉴赏，多巧思，砂胎锡壶是其创制。著有《壶史》一书，惜已亡佚。
昔听泉山馆藏夹锡壶一具，壶作方竹形，鋬、流、的皆镶玉，一面刻松柏，题云：“松柏同春图”，款署“野鹤”。一面刻隶书铭云：“如竹虚中，如环玲珑，用作茶具，银铛同雪瓯，碧碗来春风。”款署“道光丙戌三月石楳制”九字行书。“丙戌”年为道光六年，即1826年。
又：碧山壶馆藏紫砂大壶一具，铭曰“洞寻玉女餐石乳，朱颜不衰如婴儿，石梅。”

又：区梦良藏紫砂大壶一具，铭曰“笠立阴，喝茶去，渴是二是一，我佛无说……石眉”，款底“有味无味斋”印，鋬下有“彭年”章。
又：储南强藏石楳为宋茗香制一壶，刻梅花，殊清隽，并有郭频伽、陈曼生、凌鱼诸人题铭，洵俊物也。茗香名大樽，又字左彝；凌鱼，番禺人。篆楷行均遒劲有风致。

史宝丰

清嘉庆、道光时人，私家堂号“世德堂”。

邵大亨

清嘉庆、道光间宜兴上岸里人，与杨彭年同时，年少而得名，彭年以精巧胜，大亨以浑朴胜。性孤傲清介，非值其困乏时，一壶千金亦不可得。所制鱼化龙壶，以龙首代的，首舌皆能摇动，时人誉为灵妙天成。大亨死，其法遂绝。所制壶盖内皆有“大亨”楷书印。又有周永福者，善为鹅蛋壶，学大亨法，佳者夺真。

邵二泉

嘉庆、道光间人，工镌壶铭，且善制壶，邵景南壶多为二泉刻字，与吴月亭同时。
传器有白泥大壶一柄，腹镌铭曰“客至何妨煮茗候，诗清只为饮茶多”，款署“二泉”。盖内有“志茂”小章，底有“阳羡潘志茂制”章，皆篆书。
又：紫泥大壶一具，二泉铭，参阅吴月亭传。

瞿应绍

字子冶，初号月壶，改号瞿甫，又号老冶、陛春。清道光时上海人。工诗词、书画、篆刻、鉴古。子冶曾制砂壶，自号“壶公”，请邓奎至宜兴监造，精者子冶自制铭，或绘梅竹，镂于壶上，时人称为“三绝壶”。至寻常遗赠之品，则属邓奎代镌铭识。宜壶之盛，曼生后子冶实为第一人。
昔传器有碧山壶馆藏角砂幼造壶一柄，壶身一面画竹，一面题云“一枝鲜粉艳秋烟，此余画竹题句也”，壶盖刻款识云“史亭能制茗壶，以此奉正子冶”，皆行书。底有“月壶”二字篆印，鋬下有“吉安”小章。
又：披云楼藏掺砂轻赭色大壶一柄，镂梅花一株，密布壶身，壶盖近鋬处刻“子冶”款，鋬下钤“吉安”篆印，壶底钤“月壶”篆章。
又：八壶精舍藏深朱泥中壶一柄，凸如树瘿，式度古雅，则饶风趣，铭曰：“翡翠婵娟，春风荡漾，置壶竹中，影落壶上。”署款曰：“子冶竹中画竹，适日影移阴，因写其意。”盖上镌“子繁茶具子冶”六字，底有“子繁石壶”篆印。

又：藏白泥掺砂中壶一柄，式度如前，壶铭曰："前松雪后仲姬，今春水朴卿夫妇后先辉映。"盖此壶乃赠张春水、陆朴卿夫妇者也。

书法出入米襄阳，题壶多行书，间作楷书。

邓奎

字符生。擅真草篆隶，博雅能文，曾为瞿应绍至宜兴监制茗壶，亦有自行撰铭写制者，铭语工切，篆隶楷书，均饶雅人深致，间刻花卉，款署"符生"，壶底有"符生邓奎监造"篆文方印，或"符生氏造"篆文方印。

传器有《邓实砂壶全形拓本》载录白泥壶一柄，一面摹钱王造金涂塔佛像，一面刻隶书铭曰："忆昔钱王造塔金涂八万四千，功德遐敷，吾摹其状以制茗壶，拈花宝相，焜耀浮图，虚中善受，甘露涵濡，晨夕饮之，寿考而愉。"下署楷书款曰"符生铭"，壶底有"符生邓奎监"篆文方印。

又：碧山壶馆藏白泥大壶一柄，井栏式，一面锓隶书铭曰"南山之石，作为井栏用以汲古，助我文澜"，款署"符生铭"，一面镌"银床"二字隶书，旁刻楷书八行曰"义山诗云，却惜银床在井头，银床即井栏也。符生志"，壶已失盖，不无缺憾耳。

吴月亭

清道光间人，字竹溪，为杨彭年后辈，善雕刻。有一杨彭年制曼生壶，壶身竹溪锓芭蕉石，署"竹溪刻"三字，刻工流利。

传器有紫砂大壶一把，底有篆书阳文印曰"竹溪吴月亭制"。

又：朱泥方壶一具，身刻铭草书八行，分布壶身两面，盖内有"竹溪"小方印。

又：紫砂大壶一具，壶身铭曰"十二类前一望秋二泉"，款皆行书，二泉即邵二泉。底镌"竹溪吴月亭制"篆书阳文方印。

邵景南

清道光时人，制壶擅仿明式，深得古法。

传器有紫砂方壶一具，一面刻梅花一枝，有宋元风格，盖内有"景南"阳文楷书印。

又：香港艺术馆刊太极鼓形壶一具，底镌"邵景南制"楷书阳文方印。

冯彩霞

清道光时人。宜兴名匠，所制壶有衔制、捏制之别，捏制壶则指纹腠理隐现，尤为夺目，盖以方印为识，有"彩霞监制"四字阳文篆书。

传器有朱泥小壶一具，底镌"中有十分香，彩霞"七字，学欧公楷。

又：手捏朱泥小壶一具，底有"彩霞监制"阳文篆书印。

又：紫泥小壶一具，底镌“山青卷白云，彩霞”七字，行书竹刀刻。
又：香港艺术馆刊平肩小壶一具，底镌“彩霞监制”阳文篆书方印。

申 锡

字子贻。清道光、咸丰间人，笃志壶艺，所制壶底有“茶熟香温”楷方印，盖内有“申锡”楷书扁方小章，或鋬下有“申锡”小篆章。擅雕刻，擅用白泥，精者捏造，巧不可阶，若寻常之品，每用模制，赏鉴家自能辨之。若清代阳羡壶艺能谓为名家者，当推其为后劲，后此则有广陵绝响之叹。
传器有古铜色仿古中壶一具，内底钤“茶熟香温”篆文凸章，鋬下钤“申锡”篆文小章，盖面摹古器大篆16字，近的处刻真书曰“右摹伯囧敦铭十六字，小石镌”，壶身一面刻小篆曰“太岁在甲戌初平五年，吴师宜子孙”，一面镌真书曰“右录初平洗铭文凡十五字据阮氏拓本藏”，底镌行书曰“甲辰仲冬彭年造”，全壶共刻67字。制作坚致朴雅，望之如古铜器，所见申锡传器，当以此为魁首也。
又：白泥壶一柄，身作长方形，上小下大，鋬流与的俱方，式度精巧严谨，一面刻“千石公侯寿贵”作凸形古篆，一面刻阴文荷花荷叶，衬以芦苇。盖内有扁方形“申锡”楷书小章，底有“茶熟香温”长方篆书章。
又：白泥方形硬耳提梁卣一持，一面刻凸形瓦当纹，两面刻阴文菩提一丛，盖内钤“申锡”二字楷书方形小章，底钤“茶熟香温”章。

黄玉麟

清咸丰、同治、光绪间江苏宜兴人。幼孤，年十三从同里邵湘甫学陶器，三年遂青出于蓝，擅制掇球、供春、鱼化龙诸式，莹洁圆润，精巧而不失古意。又擅制假山，得画家皴法，层峦叠嶂，妙若天成。吴大澂及顾茶林先后来聘，为各制壶若干。大澂富收藏，玉麟得观彝鼎及古陶器，艺日进，名益高。晚年每制一壶，必精心构撰，积日月始成，购者非其人，虽高价不予。赏鉴家珍之，谓在杨彭年、宝年昆仲之上。
传器有碧山壶馆藏朱泥大壶一具，色泽莹洁，制作醇雅，脱尽清季纤巧气，其风格直追风季诸名手。盖内有“玉麟”篆文方印。
又：藏紫泥大壶一持，格度浑厚，盖内钤“玉麟”二字楷书小章。
又：铭曰“诵秋水篇，试中冷泉，清山白云吾周旋。癸卯夏，俊卿铭，玉麟作”，“癸卯”为道光二十三年，即1843年。盖内有“玉麟”篆文方印。

俞国良

清同治、光绪间锡山人。曾为吴大澂造壶，制作精而气格浑成，每见大澂壶盖内有“国良”二字篆书阳文印。
传器有朱泥大壶，色泽鲜艳，造工精雅，壶底钤篆文方印曰“锡山俞”

制，盖内钤“国良”二字篆文小章。

又：香港艺术馆刊传炉壶一具，有“国良”篆书阳文印及“亱斋”篆书阳文印，年代为1919年。

王东石

清同治、光绪间人，造壶得古法，刻工精细，尝为胡公寿制壶。

传器有白泥钟形大壶，柄下有“东石”二字篆书小章，壶身镂南田画本《秋茄图》，刀浅工细。

又：白泥壶一具，井栏式，柄下有“东石”小章，壶身满镂草书，刀法流利。

赵东溪

名松亭，清同治、光绪时期宜兴制壶能手，擅长刻陶，喜以书画装饰壶体，作品文人气息浓郁。多用“支泉”小印及“东溪生”、“东溪渔隐”款识。

蒋德休

字万全，蜀山人，工搏埴，业无所师承，而艺极精，凡茗壶、衣盆、杯盘及一切书案陈设器具，色色工致，为一时冠。以所得值建宗宇、赡亲党，凡利济事，必输全成焉。德休即以名陶称绝，不作奇淫器，士林重之。

程寿珍

号冰心道人，清同治四年至民国年间人，擅长制作掇球壶、仿古壶，曾获得巴拿马国际赛会和芝加哥博览会的奖状。他师承养父邵友廷，技艺娴熟，形制掌握正确。常用印章有“冰心道人”、“寿珍”、“艺古斋”、“真记”，1915年之后，在掇球壶上镌刻“八十二老人作此茗壶，巴拿马和国货物品展览会曾获优奖”篆书铭文。

范大生

字绳武，号承甫，清末人。世居宜兴丁蜀镇，其父范生大，子范锦甫均为制壶能手，范氏家族三代作品均用“大生”款，传世作品较多。

邵全章

清宣统至民国年间人，为嘉道名家邵大亨之后人。所作之壶，曲线简巧而沉稳，惜传作少。

20 世纪紫砂名家传略

裴石民

(1892 – 1979 年)，原名裴云庆，又名裴德铭。宜兴蜀山人，宜兴紫砂名师，名闻江南，有“陈鸣远第二”美称。优秀的制陶天赋，严格的紫砂陶艺训练，以及江南文士精神的熏陶，使其成为极具中华文人风韵的陶艺大师。裴石民善制紫砂茗壶、文房清玩和花果小品，造型常以古器作借鉴，能放能收，简繁匀称，既能制作典雅脱俗的光素茗壶，又能制作千姿百态之花货茶具，风格清秀不俗，技艺精湛严谨，在紫砂艺苑中独树一帜，为紫砂历史上求新求变、求精求妙、不可多得的能工巧匠之一。

曾为宜兴名士储南强所藏明代供春“树瘿壶”配盖，为南京博物馆清代圣思《桃杯》配托盘，被誉为紫砂艺品之“二美”。

朱可心

(1904 – 1986 年)，宜兴紫砂名艺人，花货巨匠，一代宗师，中国美术家协会江苏分会会员。生于宜兴蜀山，擅长花货造型，喜以松、竹、梅为题材。作品多洋溢时代气息，壶艺风格浑厚淳朴，法度合宜，生意盎然，神韵俱佳。云龙壶、松鼠葡萄壶、松竹梅三友壶、圆松竹梅壶、提梁鱼化龙为南京博物院收藏。1959 年故宫博物院举办的世界陶瓷展览。松鼠葡萄壶、松竹梅三友壶选入“中国工艺美术巡回展”出国展出，并获一等奖。可心梨式壶被国务院定为赠送日本首相田中角荣的国家礼品。

顾景舟

(1915 – 1996 年) 宜兴紫砂名艺人，中国美术家协会会员，中国工艺美术大师。18 岁拜名师学艺。20 世纪 30 年代后期至上海制壶仿古。在 40 年代末期常往来宜兴、上海之间，经铁画轩主人戴相明介绍认识了江寒汀、唐云、吴湖帆、王仁辅、来楚生等著名书画家、篆刻家，令顾景舟的创作思想与艺术格调多了不同视野的养分。1954 年进入宜兴蜀山陶业合作社。1956 年被江苏省政府任命为技术辅导，带徒徐汉棠、高海庚、李昌鸿、沈遽华、束凤英、吴群祥等人。一生三次参加全国工艺美术代表大会，在港、澳、台、东南亚影响极大，被海内外誉为“壶艺泰斗”，作品为海内外各大博物馆、文物馆收藏。

石瓢壶原是紫砂传统造型。顾景舟集各家之大成，创出自我，壶上宜书宜画，一改清初以来纤细烦琐、堆砌浮华之气，刻意追求线型的流畅舒展，反复权衡比例的协调秀美，显现了简朴大方的气度。顾景舟制石瓢壶乃智欲其圆、行欲其方的砂壶珍品。

蒋蓉

（1919 – 2008 年）别号林凤，江苏省宜兴市川埠洛林人。1995 年被授予中国工艺美术大师称号。

蒋蓉 11 岁随父亲蒋鸿泉学艺，1940 年由伯父蒋鸿高带至上海制作仿古紫砂器，曾为虞家花园设计制作花盆，1947 年回乡。1955 年参加宜兴蜀山陶业生产合作社，创作荷花壶、牡丹壶等。为周恩来总理出国访问赶制象真果品 20 套。1957 年制作佛手壶，尝试注浆工艺制作茶壶，提高工效，满足出口订货需要。1958 年创作金瓜壶、菱形壶、南瓜烟缸、大栗杯、竹根等数十品种，批量生产。1973 年后，创作了白藕酒具、琵琶笔架、蛤蟆捕虫水盂、树桩盆等以大自然为造型，饱含生活气息的陶艺作品。1983 年，创作更具特色，先后有：百寿树桩壶、玉兔拜月壶、菊蕊花蝶壶、松果壶、双龙紫砂砚等问世。作品荷花壶在全国工业会议上评为“特等奖”。1956 年，江苏省人民政府任命她为紫砂工艺“技术辅导”，这在当时历史情况下是工艺界的一种最高荣誉和待遇。

徐汉棠

1932 年 5 月 11 日生于陶艺世家，高级工艺美术师，中国工艺美术大师，中国美术学会高级会员，江苏省陶瓷美术学会理事，中日陶艺研究协会顾问，江苏省工艺美术学会陶瓷专业委员会顾问，曾任宜兴市第九届政协委员，无锡市第十届政协委员，荣获“中国工艺美术终身成就奖”。

1948 年初中毕业后即跟随父母学艺，于 20 世纪 50 年代初即拜当代紫砂泰斗顾景舟为师，为顾老师第一弟子。1975—1976 年入中央工艺美院进修。博采众长，常做常新，是徐汉棠大师执著的工作态度。他富有艺术天才，功底扎实，善复制传统产品，也精于创新，继承了顾景舟大师的制作技法，吸取了明清几代大家的优秀风格，融入了自己的思想，积累形成了自己独特的风格，工艺造型独具匠心，以冰裂纹装饰见长。作品制作严谨规正，讲究点、线、面的变化，线、面转折过渡恰到好处，圆润有力，造型变化方中有圆，圆中寓方。

博物馆收藏：

“石瓢”英国维多利亚博物馆收藏

徐秀棠

中国工艺美术大师，中国美术家协会会员，中国美术家协会陶瓷艺委会委员，中国工艺美术学会紫砂艺术专委会会长，无锡市美术家协会副主席、江苏省文史研究馆馆长。

1937 年 12 月出生于宜兴蜀山紫砂陶艺世家（徐汉棠胞弟）。

1954 年从师紫砂陶刻名艺人任淦庭（缶硕）学习陶刻，接受中国画及书法的基本功训练，1958 年参加由轻工部与中央工艺美术学院联办的“中国民间雕塑研究班”培训，结束后转入“中央工艺美院泥人张（张景祜）”工作室学习。

1959 年调江苏省淮海战役烈士纪念碑雕塑处参加纪念碑浮圆雕创作设计。

1962 年回紫砂厂。

1972 年开始专攻紫砂雕塑。

1986 年调宜兴紫砂二厂创建紫砂雕塑分厂。

1993 年与日本国陶艺家高桥弘教授合作组建长乐弘陶艺有限公司。

1995 年被授予“中国工艺美术大师”称号。

李昌鸿

中国陶瓷艺术大师，江苏省工艺美术大师，高级工艺美术师。师从顾景舟大师，其深入研究经典名壶，仿制佳作，体悟传统精神；从古代技艺中获得启发，从 20 世纪 50 年代便开始进行紫砂绞泥装饰的探索，创作成果得到专家学者的赞许，先后发表多篇紫砂艺术研究学术论文。

1984 年与沈蘧华合作的竹简茶具获德国莱比锡国际博览会金质奖（为当代紫砂首获国际大奖）。

1991 年与顾景舟、徐秀棠合编《紫砂珍赏》，香港三联书店出版；2002 年，个人专著《紫田耕陶》论文作品集，上海人民美术出版社出版。

谭泉海

1939 年生于江苏宜兴和桥镇，自 20 世纪 50 年代随着著名老艺人任淦庭学陶刻，在长期从事陶刻装饰工作中，细细揣摩曼生三刀法、板桥郑书风，形成自己的独特风格，成为中国工艺美术大师。

1975 年进入中央工艺美术学院陶训班深造，受到著名教授梅健鹰、杨永善、张守知、白雪石、陈若菊等的教导。金石篆刻、书法绘画、花鸟、山水、人物俱佳，作品构思新颖，风格清新洒脱，多以俊秀细腻见长，亦不乏粗犷奔放传神的佳作。

1979 年特大紫砂挂盆松鹰、群马为故宫博物馆收藏；1983 年参加装饰的鼻烟瓶获全国陶瓷设计评比一等奖，同年艺术挂盘、十三件小壶获全国陶瓷设计评比二等奖；1984 年合作制作的“紫砂百寿瓶”获德国莱比锡春季博览会金奖；1985 年“博古百寿瓶”获江苏省四新产品评比一等奖；1988 年“四体茶诗艺术盘”获江苏省陶瓷公司新产品评比一等奖，1992 年“百帝图紫砂鼻烟瓶”分别获全国陶瓷艺术展评会、国际精品大奖审一等奖；1994 年“历代文化紫砂艺术屏条”荣获全国陶瓷评比一等奖。

吕尧臣

醉陶居主人。1941 年生于江苏宜兴，高级工艺美术师、中国工艺美术大师。1958 年进宜兴紫砂工艺厂，随著名陶艺家吴云根学艺，通过严格的训练，加之自己的感悟，逐渐磨炼出扎实基本功，1970 年进紫砂研究所从事紫砂造型设计。20 世纪 60 年代临摹历代名家作品，70 年代与朱可心、顾景舟等前辈朝夕相处，耳濡目染中受益匪浅。又与高海庚、徐秀棠等同道切磋技艺，探索开启紫砂艺术新路，创作一系列新品。作品“竹炉茶具”“竹圈酒具”“玉带壶”等作品屡获全国陶瓷美术评比金奖、银奖，有“创作大师”“壶艺魔术师”之誉。70 年代后期，吕尧臣与其子吕俊杰发掘唐代长沙窑绞胎工艺，在紫砂上发扬光大，创成紫砂绞坭工艺（吕氏绞坭）使紫砂的形象更丰富多姿，千变万化。

周桂珍

1943 年生于宜兴丁蜀镇，江苏省工艺美术名人，高级工艺美术师，1958 年进入紫砂工艺厂。早期拜师王寅春和顾景舟先生，退休后定居北京。四十余年的创造生涯，使她在紫砂艺术上取得了显著的成绩。1978 年由高海庚设计、周桂珍制作的“集玉壶”被选作国家领导人出访外国的礼品。1989 年作品“环龙三足壶”“之泉茶具”分别获轻工部中国工艺美术协会颁发的“陶瓷美术设计”奖；同年作品“大曼生提梁壶”被南京博物院收藏。1991 年作品“真知提梁壶”入选北京国际艺术研究会。1997 年获“江苏省工艺美术大师”称号。2001 年由天津人民美术出版社出版“周桂珍个人作品专集”。2005 作品“井栏壶”“沁泉壶”被中国国家美术馆收藏。2006 年“韵竹提梁壶”被中国国家博物馆收藏。2007 年作品“集玉壶”入选故宫博物院“紫泥清韵紫砂展”，并被收藏。先后获得高级工艺美术师、江苏省工艺美术大师、中国陶瓷艺术大师、中国工艺美术大师等称号。

周桂珍的紫砂作品大气、豁达、洒脱中也蕴涵着女性的秀丽与和美。近代的艺术大师中如刘海粟、朱屺瞻、冯其庸等都曾在周桂珍的壶上题诗作画。与韩美林、张守智的合作，更引领了紫砂的新风。

汪寅仙

1943 年生于江苏宜兴丁山丁南村，高级工艺美术师，中国工艺美术大师，全国劳动模范，全国三八红旗手，江苏省“有突出贡献的中青年专家”，中国工艺美术学会会员，宜兴紫砂文化艺术研究专委会顾问。曾任宜兴紫砂工艺厂副总工艺师、宜兴紫砂研究所副所长等职。

汪寅仙 14 岁便开始学习紫砂陶艺，1956 年进宜兴紫砂工艺厂，师从著名老艺人吴云根学习制壶技艺，后转师朱可心门下习研紫砂素塑器造型设计。

其制壶态度一丝不苟、谨慎严密，并长期对创作题材深入观察体会进行艺术的提炼。使作品展现包括形象、神韵与气质上的美感。她以写实的手法刻画自然生态美于花货上，诠释田园中旺盛的生机和饱满盎然的精神。仿真形象惟妙惟肖，在运色上汪寅仙有其独特的美学观念，她尽量保持紫砂特有的光华质感，而不求颜色与实物相同。仅于局部做颜色处理，形成一种画龙点睛的效果，也更能凸显作品造型特色及优雅气韵。其光素器则讲究整体结构缜密及线条流畅，以简练的形式表达紫砂器特有的美感与深度。近年来越见成熟自信的创作中，散发着韵味无穷的艺术质感。汪寅仙并与中央美院张守智教授等艺文界人士合作，尝试不同风格的砂壶制作，成绩斐然，大大拓展其艺术创作空间。

何道洪

江苏省工艺美术大师，高级工艺美术师，中国工艺美术学会会员。

1960 年生于宜兴市丁蜀镇，1978 年进宜兴紫砂工艺厂随著名高级工艺美术师高丽君学艺，言传身教，基础扎实，1983 年于中央工艺美术学院造型设计系毕业。在紫砂艺术探索中，把绘画、浮雕与壶体有机结合，创作作品以新、特、精、巧和实用著称于世。题材寓于诗意，造型优美，作品曾多次在国内外大赛中获奖，近几年多次荣获首届、二届、三届中国（国家级）工艺美术大师精品展金奖、银奖。其作品表现手法多样，在材质选用上和创意协调和谐，在造型设计上大方得体，力求突破，在装饰手法上新颖独特，巧妙自然。

顾绍培

1945 年生于江苏宜兴，高级工艺美术师，中国工艺美术大师，宜兴紫砂文化艺术研究专委会常务委员，曾任宜兴紫砂工艺厂副总工艺师、紫砂研究所副所长，现为宜兴方圆紫砂工艺有限公司副总工艺师。1958 年进宜兴陶瓷中学学习，1960 年进紫砂工艺厂，师承陈福渊老艺人学艺，后又得顾景舟大师教泽指导。从艺四十余年，立足于本土文化，认为紫砂文化、紫砂艺术应该不断吸取多种“营养成分”，融会古今文化、中外文化之精华，才能不断发展。其探索研究中国古代铜器文化和玉雕艺术，研究中国书法、绘画及古典诗词的精神气韵，学而化之，化而用之，创作了许多紫砂陶艺的杰作。作品先后十九次获省级以上大奖。1984 年，作品“百寿瓶”获德国“莱比锡国际博览会”金奖。1985 年全国总工会授予他“全国优秀科技工作者”荣誉称号和“五一”劳动奖章。1990 年，作品“双百福寿瓶”获中国工艺美术“百花金杯奖”。2001 年，作品“仰宇提梁壶”获“第三届中国工艺美术大师精品博览会”金奖。2002 年，获中国工艺美术学会首届“华艺杯”金奖。

潘持平

1945 年生于江苏宜兴，高级工艺美术师，江苏省工艺美术名人，中国工艺美术学会会员，宜兴紫砂文化艺术研究专委会常务会员。

1958 年进宜兴紫砂工艺厂，师从名艺人徐盘大、陈福渊学艺，后得顾景舟大师教泽指导，先事盆艺，后专事壶艺，尤擅长紫砂壶方器造型，代表作品有“四方段玉壶”“方舟壶”“方钟壶”等，作品“升方壶”被香港茶具文物馆收藏。

鲍志强

1946 年生于江苏宜兴蜀山，字乐人，室号“醉陶斋”。中国工艺美术大师、中国陶瓷艺术大师，研究员级高级工艺美术师，中国紫砂博物馆总工程师，宜兴方圆紫砂工艺有限公司总工艺师，江苏省宜兴紫砂工艺厂总工程师。中国宜兴紫砂文化艺术研究会副会长。1959 年进厂从师谈尧坤、范泽林学习陶刻，1962 年又转师老艺人吴云根门下学习制壶技艺。1965 年得著名陶刻家任淦庭先生教泽，从事陶刻创作；1975 年进修中央工艺美术学院陶瓷艺术系，后致力于紫砂艺术的创作研究。

鲍志强善设计制陶，尤擅长陶刻。对书法、绘画、篆刻、陶艺、紫砂史等方面均有独到研究。他的壶艺创作构思独特，意境深远，造型新颖，简洁抽象，极具视觉冲击力，总令人耳目一新，制作技艺十分精湛。其陶刻装饰从内容到形式，与造型水乳交融，刀法精致细腻，在紫砂艺林中别树一帜，曾数十余次获国内、国际金奖。作品被故宫博物院收藏。

施小马

1954 年生于江苏宜兴，高级工艺美术师，中国工艺美术学会会员，宜兴紫砂文化艺术研究专委会会员。1972 年进紫砂工艺厂。1994 年作品“红与黑壶”获第五届全国陶瓷艺术创作评比一等奖；1997 年作品“珏提壶”获江苏省陶瓷艺术创新展评一等奖。1998 年作品“珏提壶”获“江苏省工艺美术陶瓷新品评比”一等奖；作品“扬帆壶”获“全国陶瓷专业设计评比”二等奖。1999年“垒壶”获“江苏省工艺美术陶瓷新品评比”二等奖。2000年作品“凌云壶”获“首届杭州西博会”银质奖。2001年作品“垒壶”获“杭州西博会”银质奖。

陈国良

1954年生于江苏宜兴，现为高级工艺美术师，中国工艺美术学会会员，宜兴紫砂文化艺术研究专委会会员。1972年进宜兴紫砂工艺厂，拜制壶技术全面的何道洪习艺，先从事于花盆等紫砂陈设陶艺制作。1983年开始制作茗壶，曾入中央工艺美院研习造型设计课程，精练技艺。他被称为新生代的代表之一。

他做壶以胎体极薄见长，制作难度高。自古以来薄胎瓷器、玉器因其轻灵剔透一直受藏家喜爱，紫砂壶也不例外。

江建翔

又名建翔，1957年5月生于江苏宜兴。高级工艺美术师，中国工艺美术协会会员，紫砂文化艺术研究专委会会员。江氏曾被海外媒体评为“紫砂四小龙”之一。现任江苏省宜兴紫砂工艺厂工艺美术师。1976年进宜兴紫砂工艺厂随许成权学艺。1978选拔进厂研究所深造，拜汪寅仙为师，悉心钻研紫砂传统技法，着力紫砂塑器研究。1982年和1991年曾两次入中央工艺美术学院进修陶瓷造型设计，悉心钻研紫砂传统技艺，概括提炼造型艺术的处理手法，成为这代艺人的佼佼者。经由不断的学习、研究，创作逐渐形成意念新、变化大、内涵深、题材广等特点，尤以塑器见长，手法细腻、造型俊秀简洁、画面清新，点缀恰到好处。作品圆润中透着灵气，繁复中含着精练，残缺中有着新的延伸，单一中却能让人回味。

季益顺

江苏省工艺美术大师，高级工艺美术师，中国工艺美术学会会员。1978年进宜兴紫砂工艺厂随著名高级工艺美术师高丽君学艺，言传身教，基础扎实，在紫砂艺术探索中，把绘画、浮雕与壶体有机结合，创作作品以新、特、精、巧和实用著称于世。题材寓于诗意，造型优美，作品曾多次在国内外大赛中获奖。有“紫气东来”在中南海紫光阁收藏。

茗壶二十品

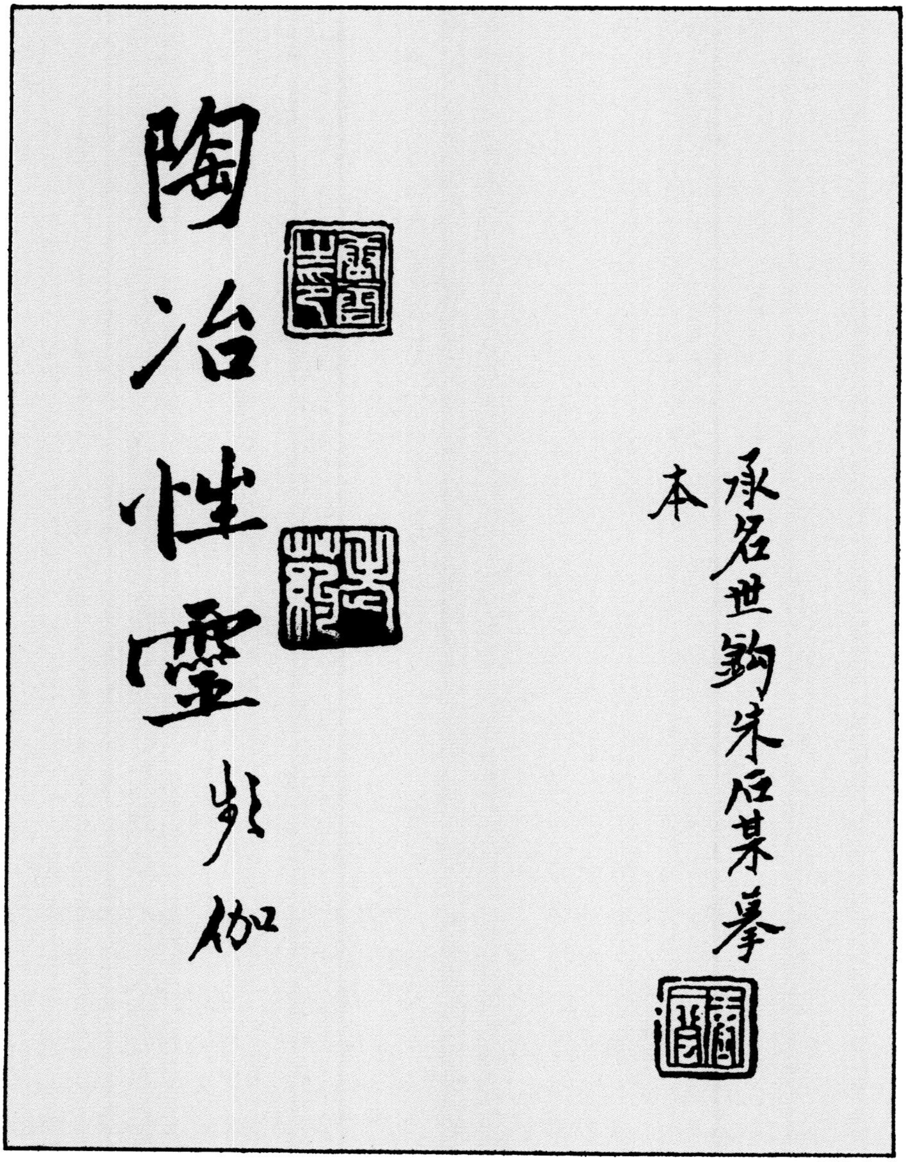

朱石楳（某）摹《茗壶二十品》，为承名世钧。每图题记，为陈曼生、郭频迦等人所署。本书为大石斋（唐云）藏本。

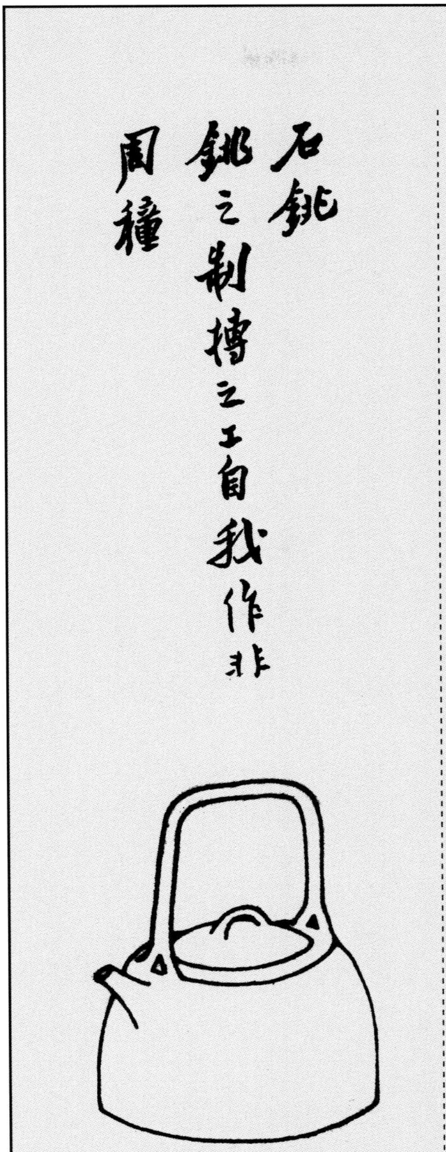

石铫壶

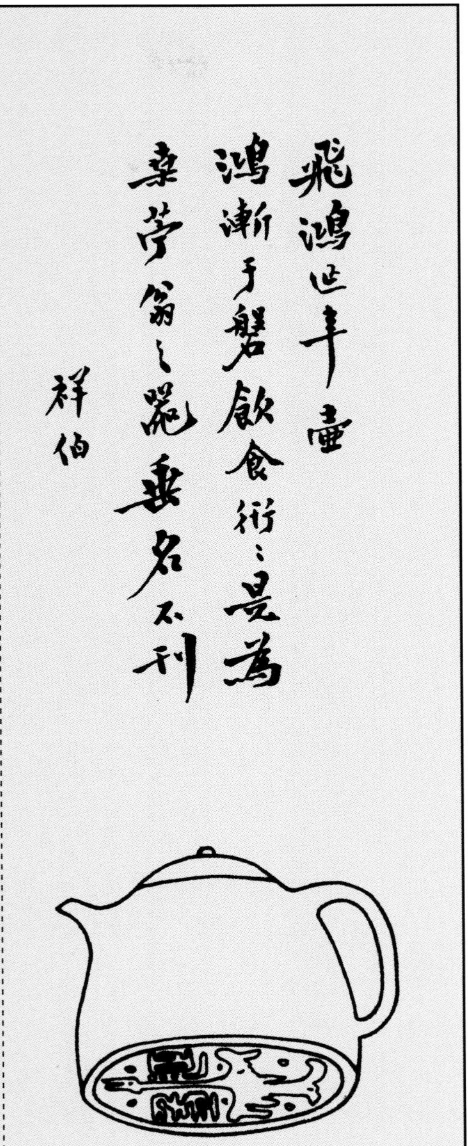

飞鸿延年壶

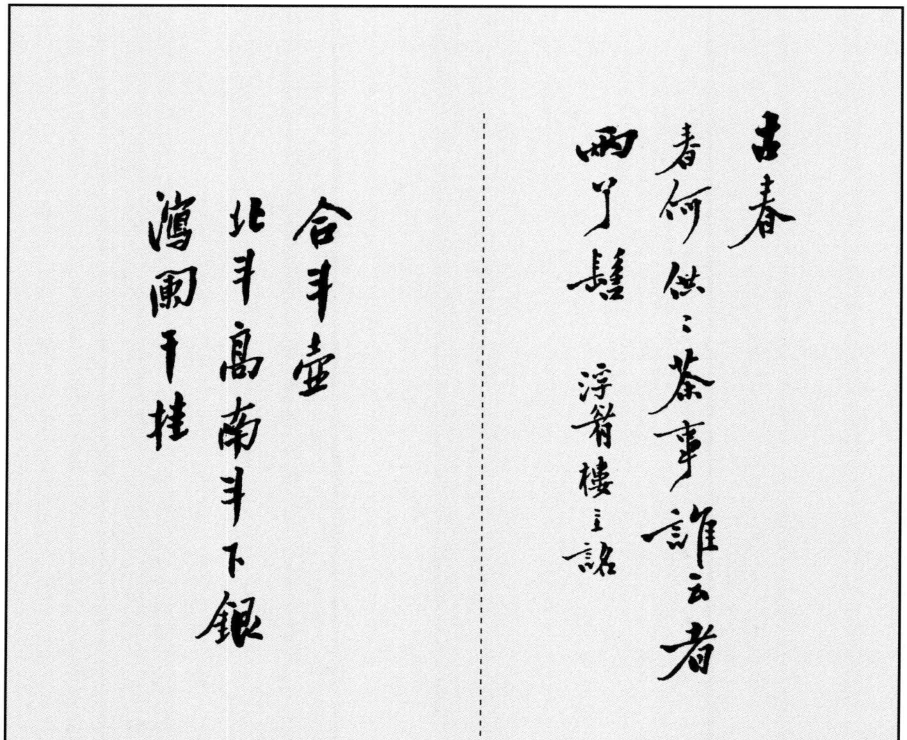

合斗壶

古春壶

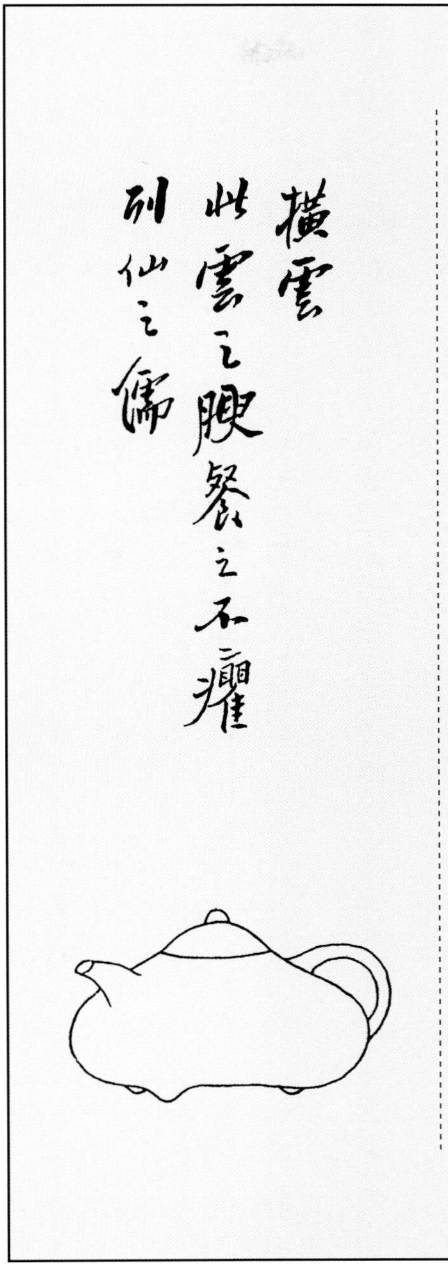

横云壶

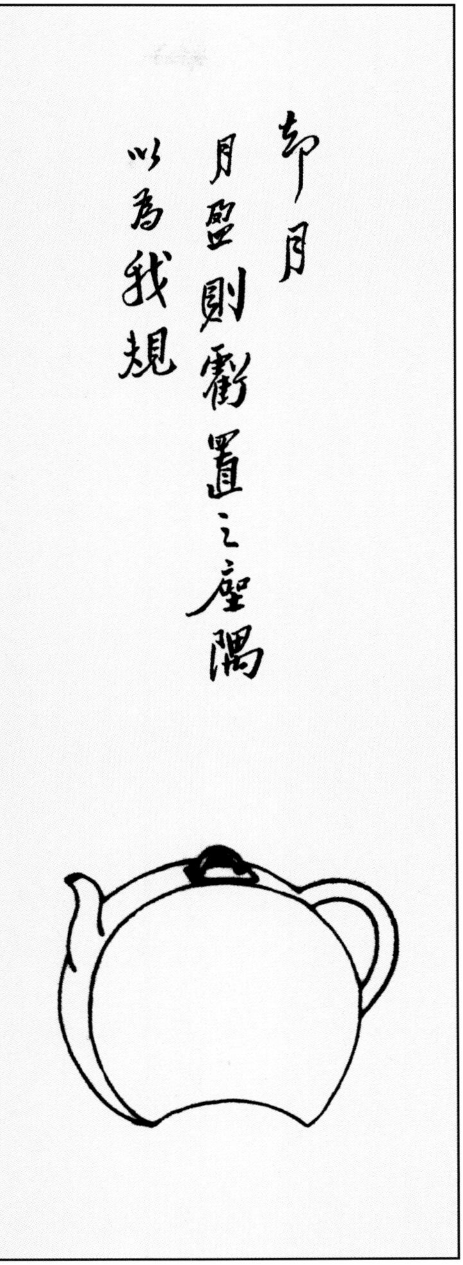

却月壶

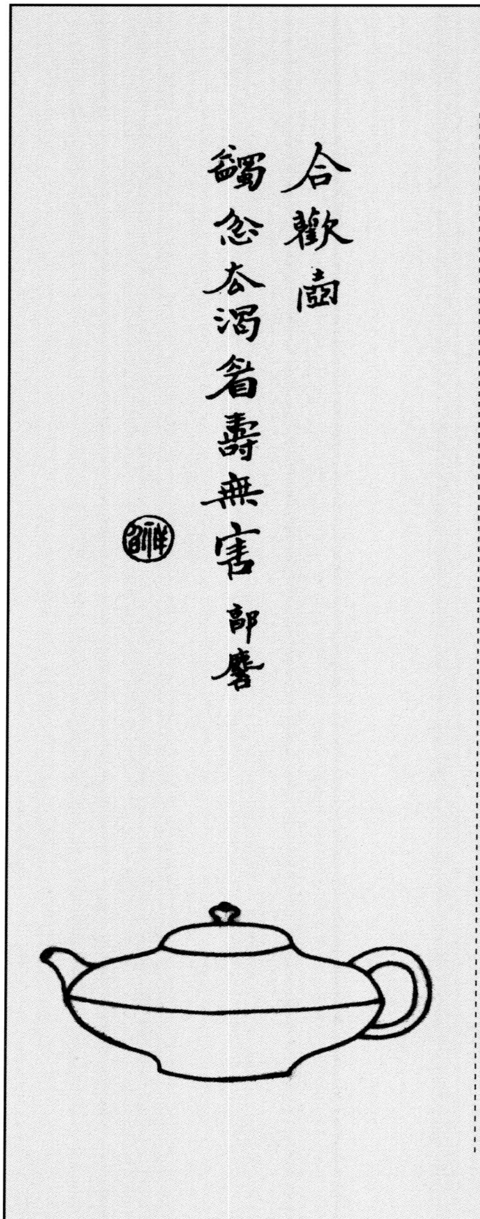

合欢壶

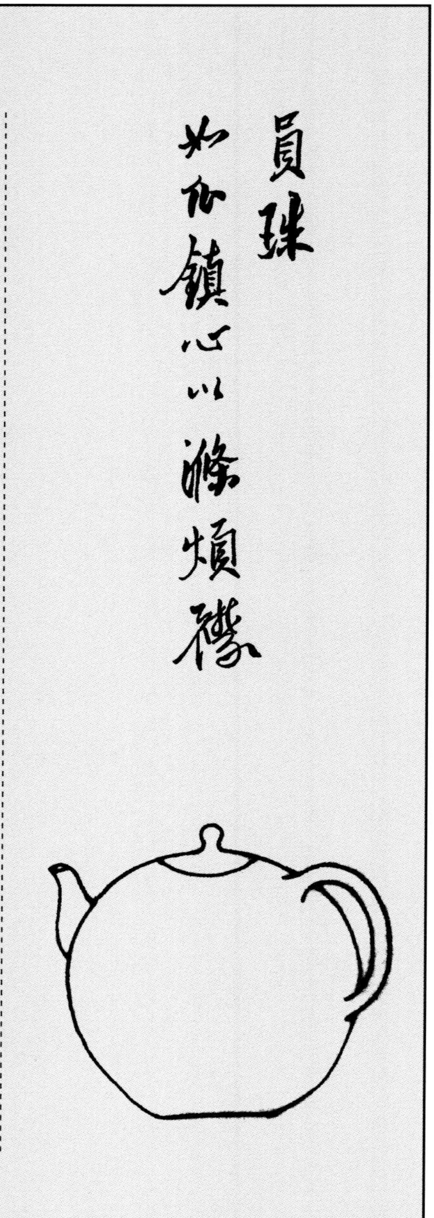

圆珠壶

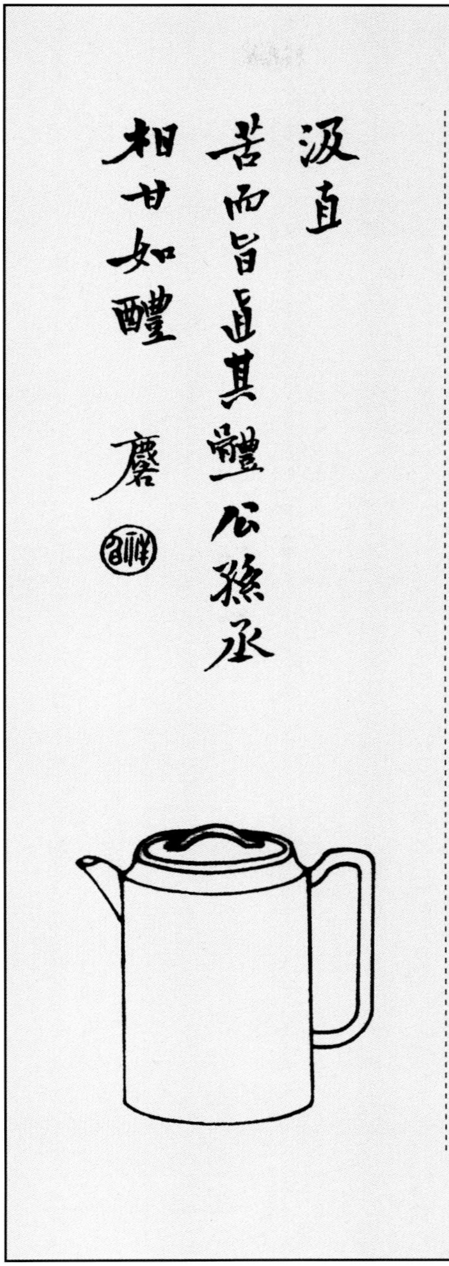

汲直壶

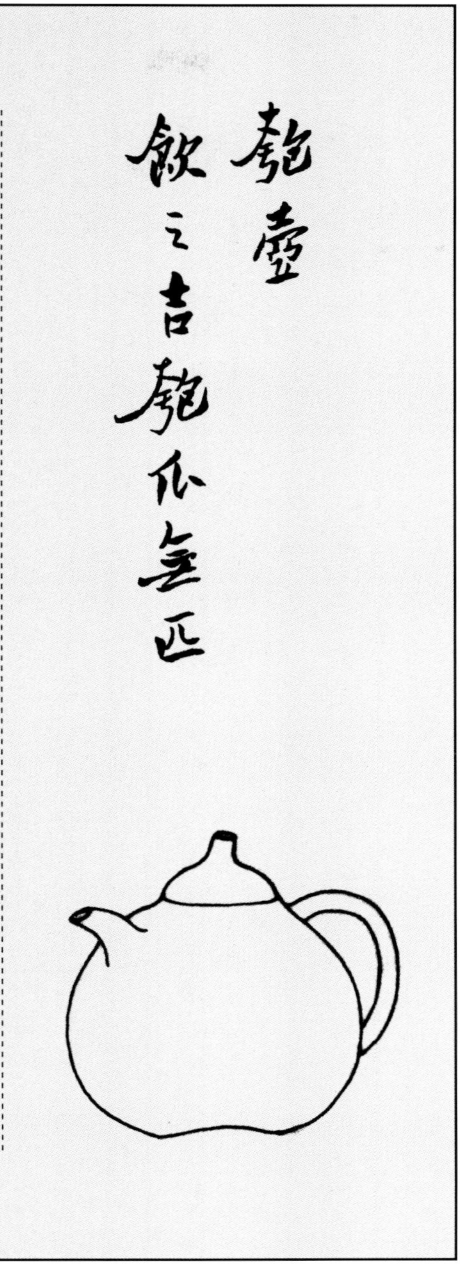

匏壶

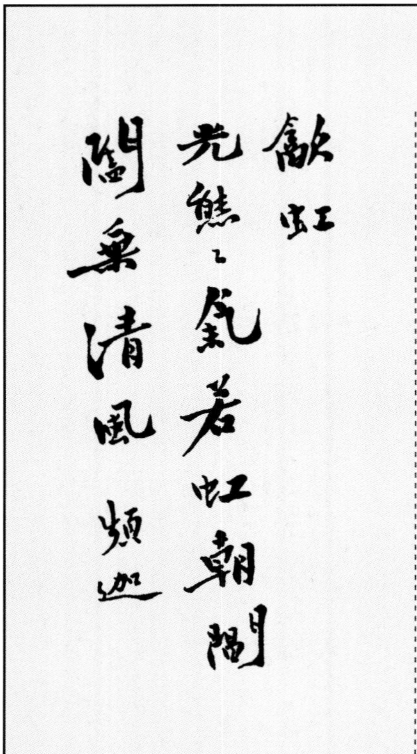

饮虹壶

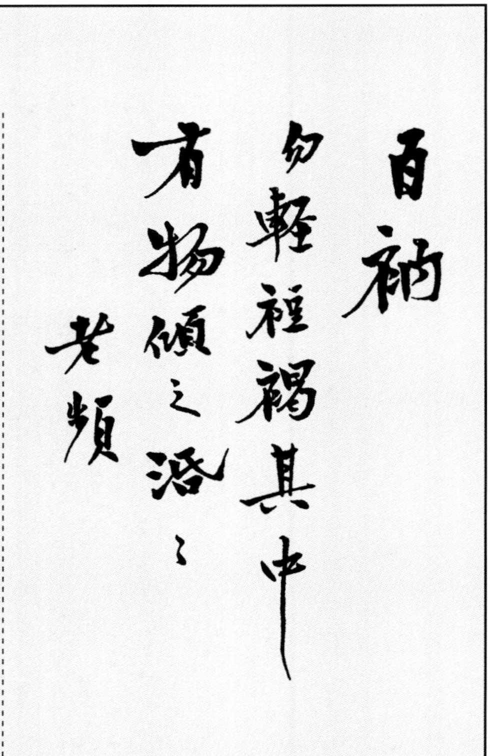

百衲壶

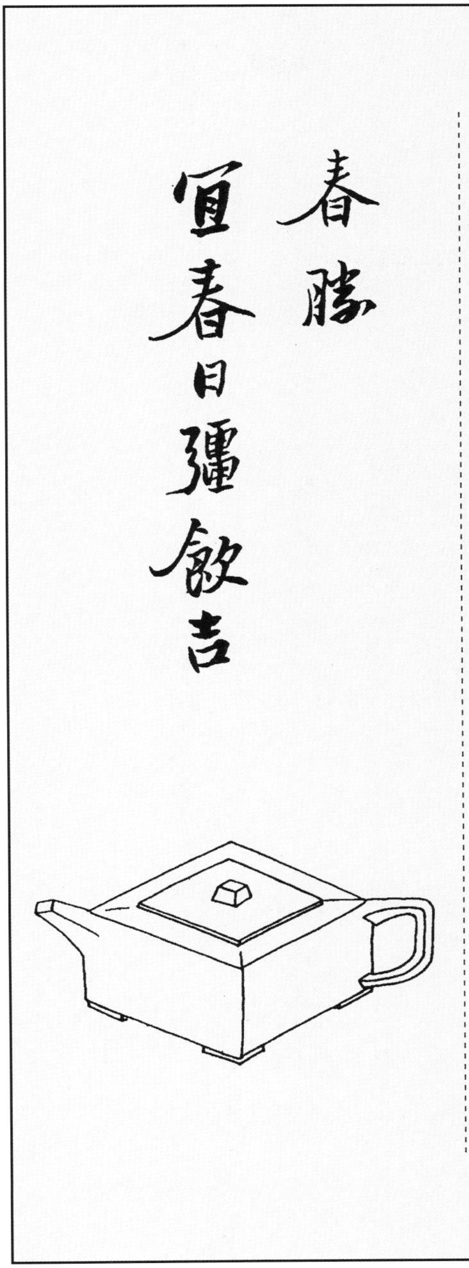

春胜壶

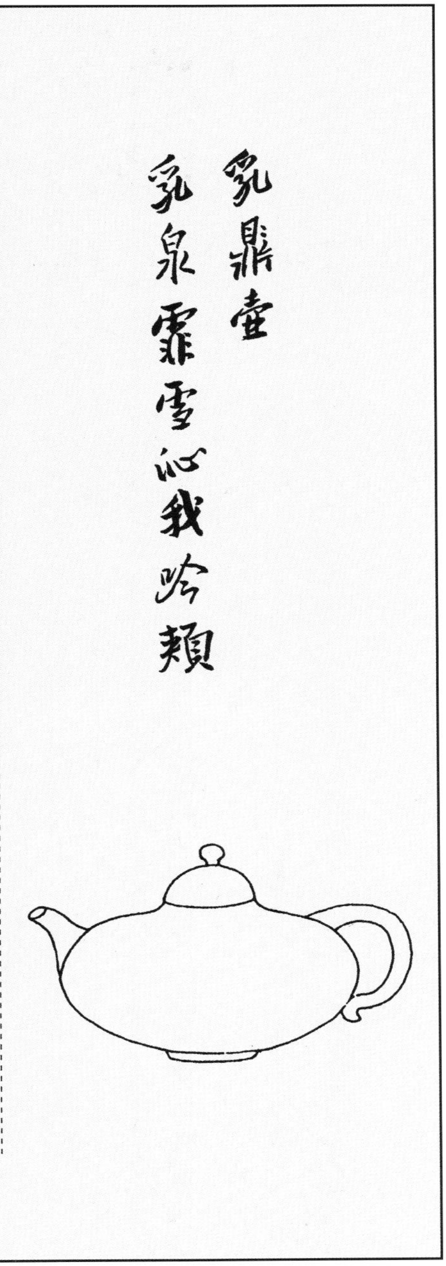

乳丁壶

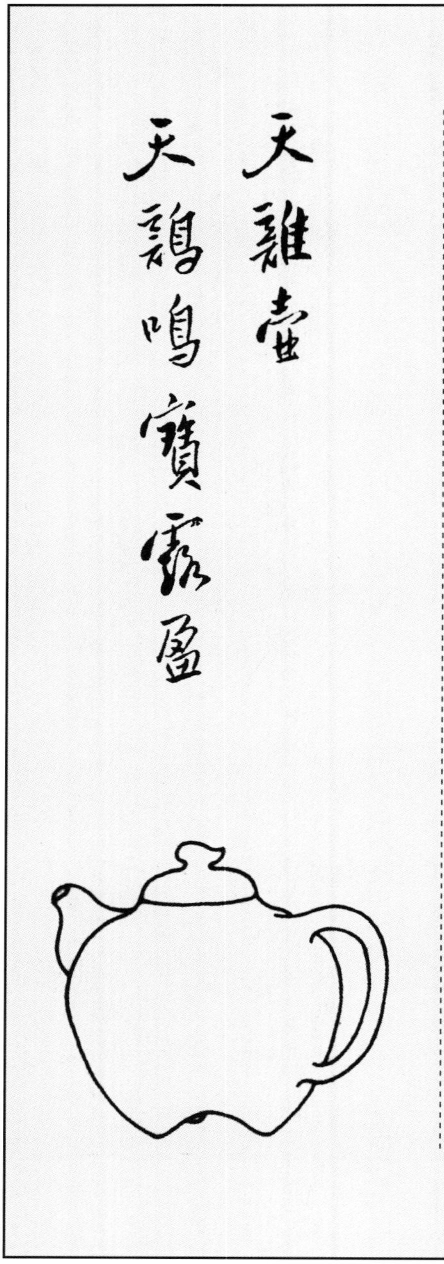

天鸡壶

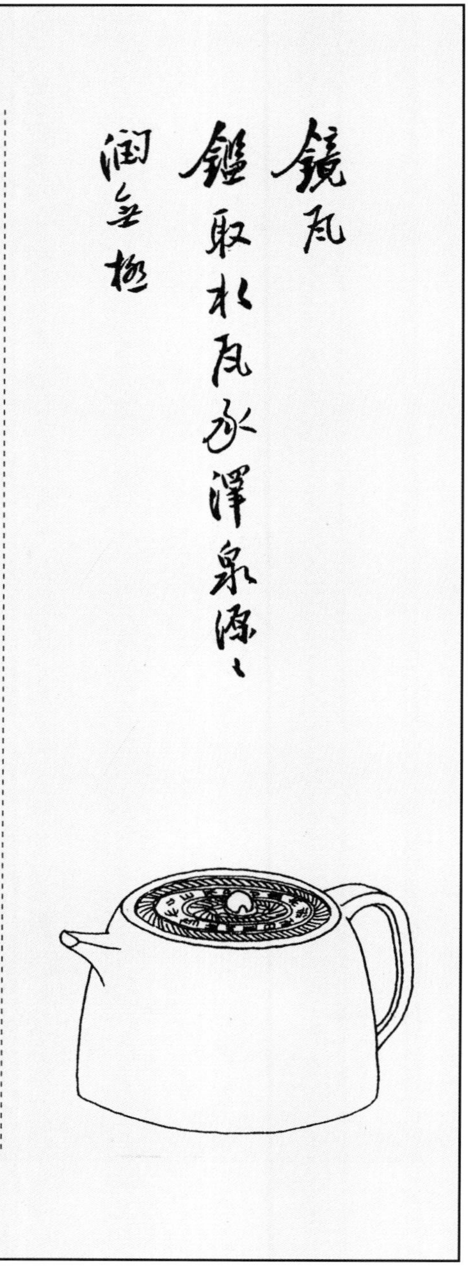

镜瓦壶

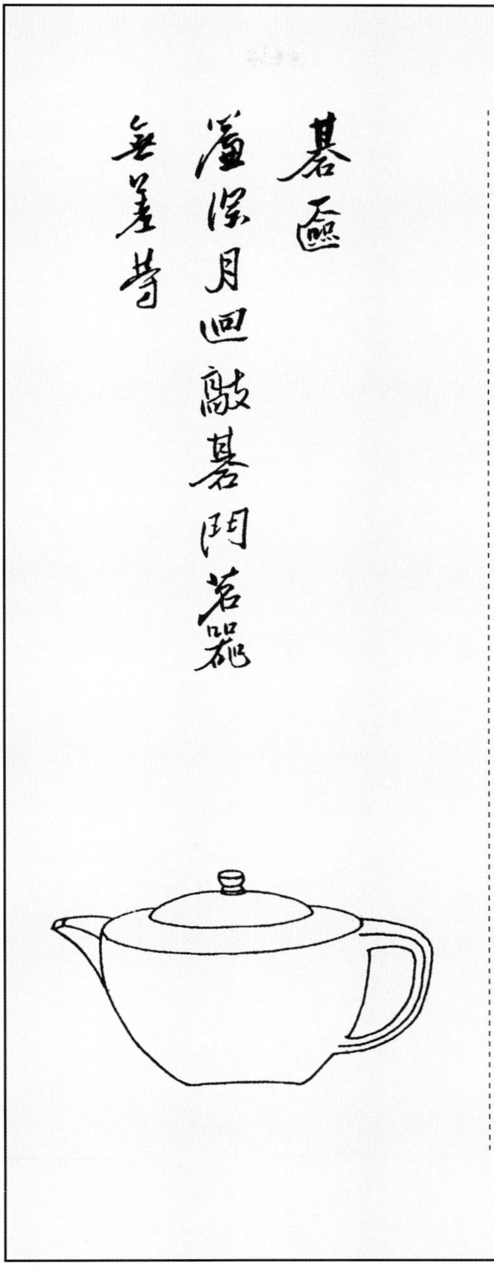

碁壶

方壶

胡盧

作胡盧畫 悅親戚之

情話

楊生彭年作茗壺廿種小迂為

之圖頻伽曼生壽之著銘如右

癸酉四月廿日記

葫芦壶

乳鼎

洞尋玉女磐石乳顏色

不衰如嬰兒

乳鼎壶

曼生十八式

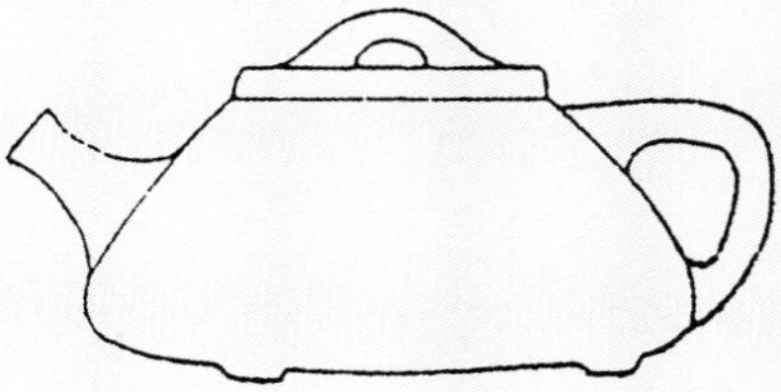

石瓢壶

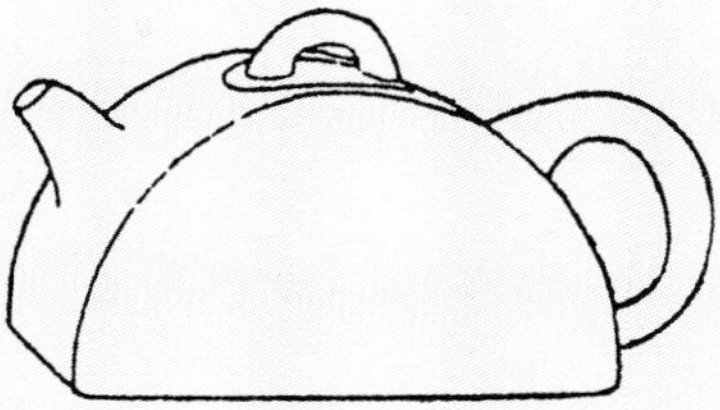

半瓦壶

半瓜壶

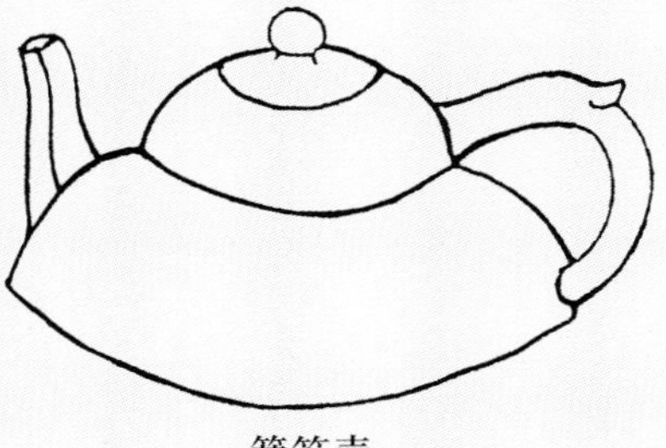

箬笠壶

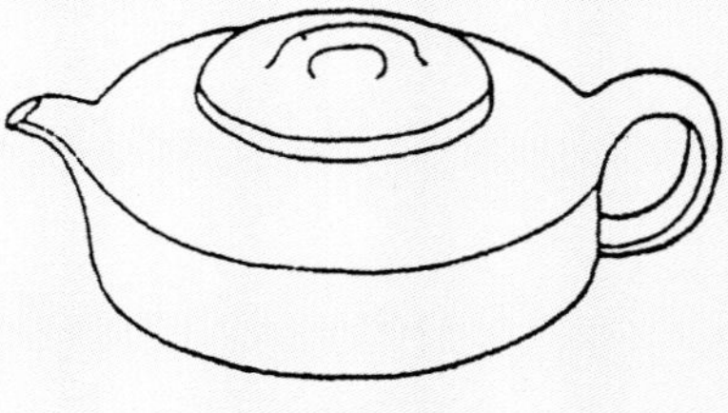

扁圆壶

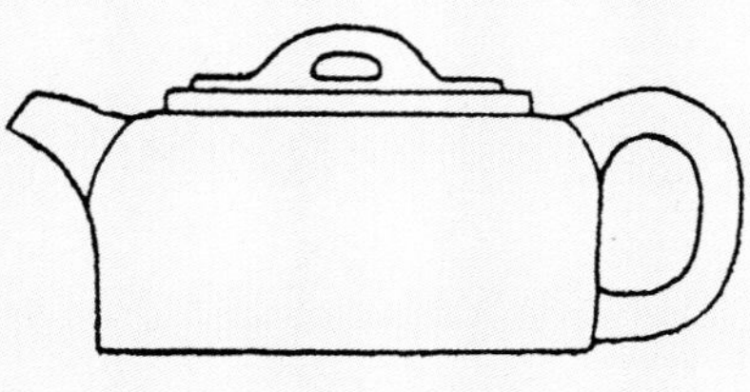

井栏壶

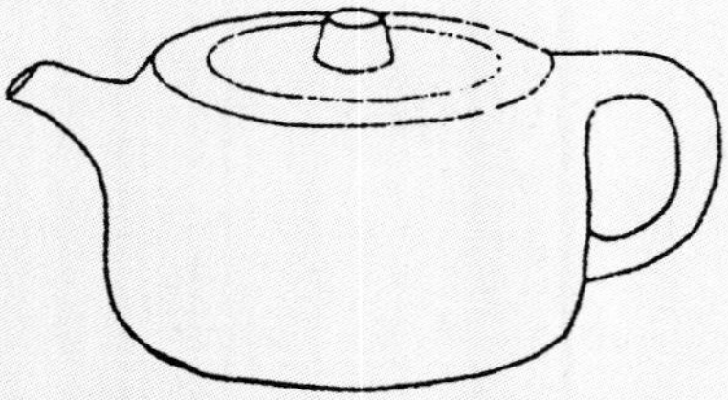

高井栏壶

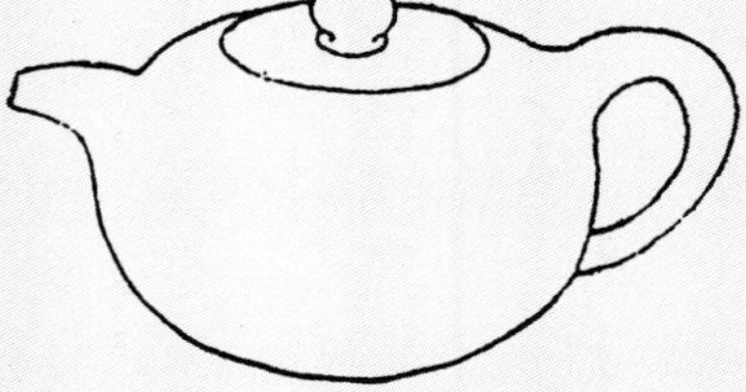

圆珠壶

六方壶

葫芦壶

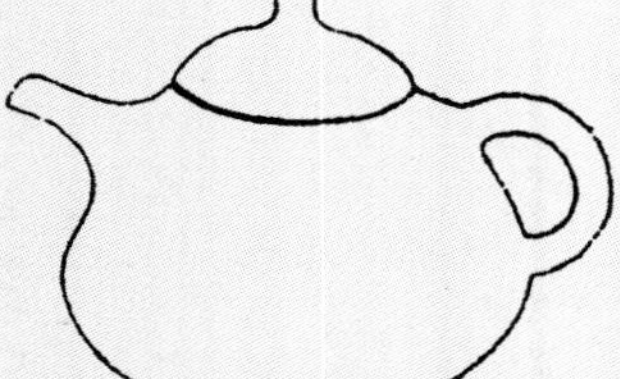

匏壶

传炉壶

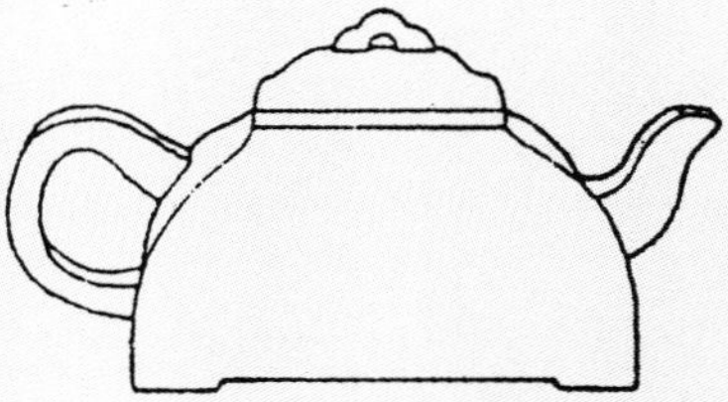

舡棱壶

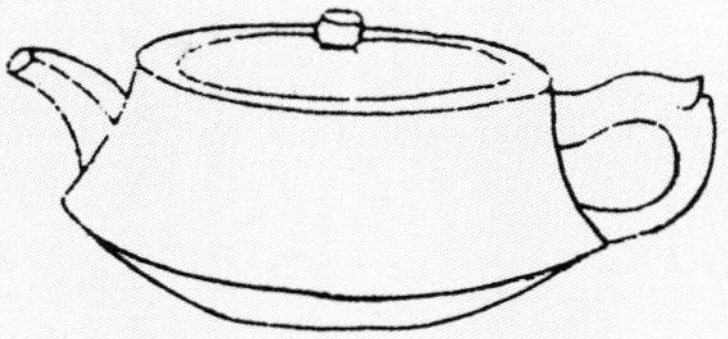

柱础壶

四方壶

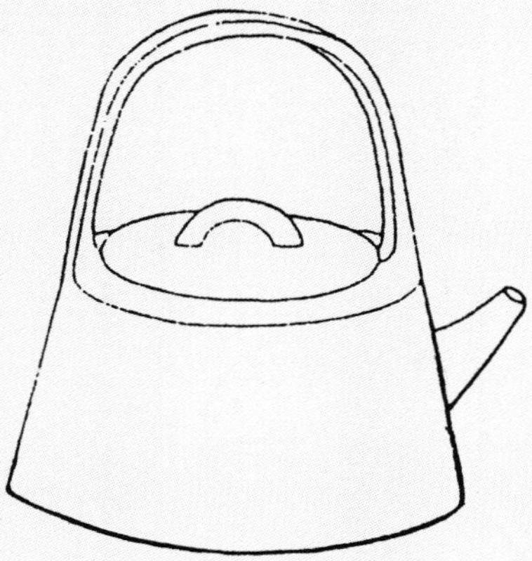

石铫提梁壶

合盘壶

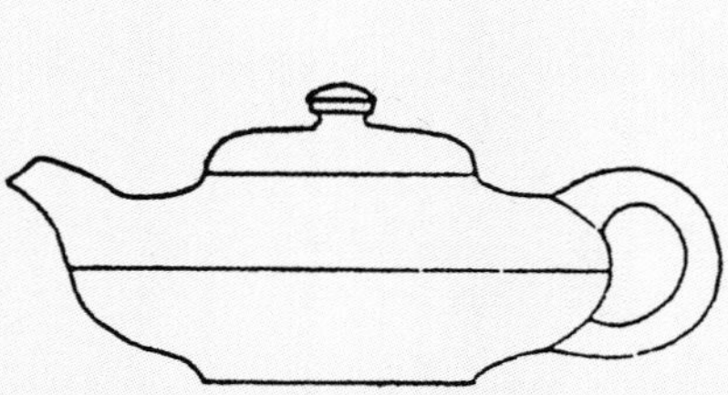

合欢壶

茶壶各部位名称

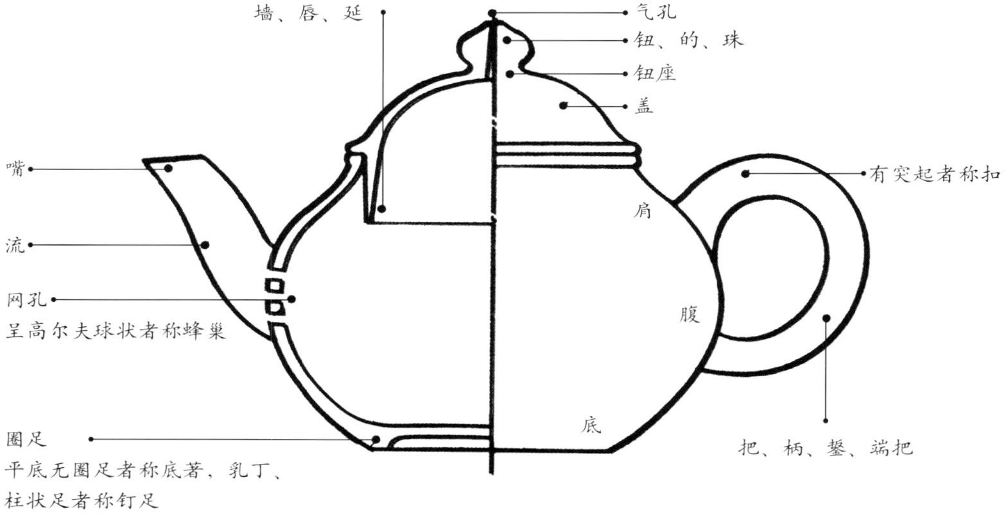

墙、唇、延
气孔
钮、的、珠
钮座
盖
嘴
有突起者称扣
肩
流
网孔
呈高尔夫球状者称蜂巢
腹
底
圈足
平底无圈足者称底著，乳丁、
柱状足者称钉足
把、柄、鋬、端把

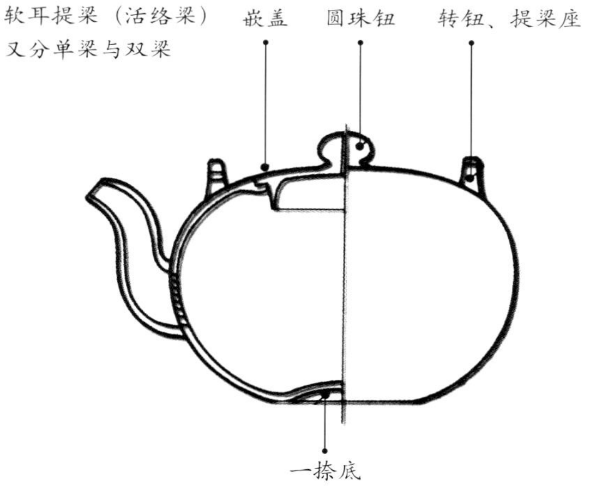

软耳提梁（活络梁）
又分单梁与双梁
嵌盖
圆珠钮
转钮、提梁座
一捺底

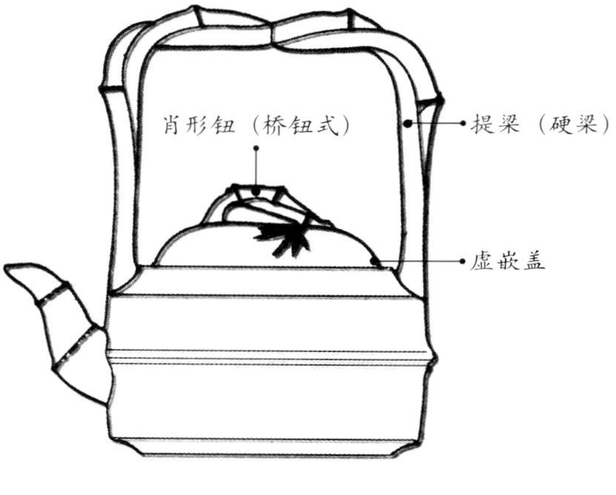

肖形钮（桥钮式）
提梁（硬梁）
虚嵌盖

紫砂壶制作工艺展示

周桂珍

①选择紫砂矿石泥原料。

②用石磨磨成紫砂泥粉。

③泡成泥浆绞和。

④不断锤炼。

⑤竖捶的状态。

⑥用木搭只把泥打活，使泥分子的排列均匀。

⑦做之前再次把泥打活。

⑧用捶好的泥切成制作所需要的泥料。

⑨用木搭只打泥片。

⑩打好的泥片用规东画成制壶所需的大小圆片。

⑪用泥片围壶的身筒。

⑫围好的身筒内夹结头。

⑬用拍只拍成壶的底部。

⑭用脂泥黏在壶底部。

⑮把壶底片镶进去。

⑯用拍只把壶底部擀圆。

⑰壶身筒翻过来夹
光和加固内结口。

⑱刮掉脂泥。

⑲把壶身筒捧圆正。

⑳上满片（壶上口）。

㉑壶身的上镶接。

㉒用竹篦只篦身筒。

㉓搓壶嘴。

㉔搓壶把。

㉕壶把造型。

㉖切壶把。

㉗装壶把。

㉘用牛角片（明针）光壶嘴、壶把。

㉙作品完成。

全书拍品紫砂器成交价格排序

拍品号	拍品名称	拍卖时间	成交价（RMB）	拍卖机构	页码
	明代				
2988	时大彬制圈钮壶 明	2010-12-14	13,440,000	西泠拍卖	22
3258	大彬款绞胎施釉弥勒佛 明	2011-5-21	6,900,000	中国嘉德	25
115	蒋觐候朱泥六方壶 明	2011-6-21	6,670,000	长风拍卖	24
3143	陈用卿款美人肩壶 明	2010-8-2	2,128,000	北京保利	23
	清代				
3213	紫泥御题诗金银彩山水纹方壶 清乾隆	2011-5-21	8,625,000	中国嘉德	79
0104	王东石款提梁壶 清光绪	2011-6-21	6,325,000	长风拍卖	156
4708	俞国良款、溥心畬题字画传炉壶 清光绪	2011-12-6	5,750,000	北京保利	151
2183	邵大亨制紫泥德钟壶 清嘉庆	2010-11-21	4,816,000	中国嘉德	134
4779	陈子畦款张良造像 清初	2011-12-6	4,485,000	北京保利	41
4777	吉安款行有恒堂诗文款壶 清	2011-12-6	2,530,000	北京保利	111
3255	鸣远款段泥笋形水呈 清	2011-5-21	2,300,000	中国嘉德	120
3924	杨履康制泥绘山水图如意圆灯壶 清 乾隆	2013-5-14	1,955,000	中国嘉德	82
3263	陈汉文款紫泥仿古饕餮纹簋 清	2011-5-21	1,955,000	中国嘉德	123
2167	杨季初制色泥堆绘段泥山石花卉纹笔筒 清乾隆	2010-11-21	1,792,000	中国嘉德	88
3220	杨履康制紫泥泥绘山水人物纹圆壶 清乾隆	2011-5-21	1,725,000	中国嘉德	77
0188	陈砺成款段泥仿湘妃竹笔筒 清雍正	2011-6-2	1,495,000	北京保利	52
4730	郎岑制、曼生书宜兴窑倒把嵌盖描金井栏壶 清嘉庆	2011-12-6	1,495,000	北京保利	137

拍品号	拍品名称	拍卖时间	成交价（RMB）	拍卖机构	页码
0878	彩泥堆绘花鸟鱼虫图笔筒 清乾隆	2011-11-12	1,495,000	北京诚轩	92
3933	陈鸣远制仿古鹦鹉杯	2013-5-14	1,380,000	中国嘉德	75
1044	杨季初笔筒 清乾隆	2011-4-23	1,344,000	北京容海	86
3300	杨彭年制紫泥台笠壶 清嘉庆	2011-5-21	1,127,000	中国嘉德	127
0542	春水堂款朱泥梨皮高瓢壶 清初	2010-12-5	1,008,000	北京匡时	35
2182	紫泥粉彩描金花鸟纹笠帽壶 清雍正	2010-11-21	896,000	中国嘉德	51
3257	李茂林款紫泥弥勒佛 清	2011-5-21	782,000	中国嘉德	125
0191	陈鸣远款束柴三友壶 清	2011-6-2	747,500	北京保利	115
3256	陈鸣远款紫泥螃蟹荷叶形笔洗 清	2011-5-21	747,500	中国嘉德	118
2174	申锡制段泥砖文方壶 清道光	2010-11-21	672,000	中国嘉德	146
3140	邵大亨制加彩莲子壶 清嘉庆	2010-8-2	616,000	北京保利	136
0187	荆溪陈制款竹节壶 清	2011-6-2	598,000	北京保利	116
0186	虚扁壶 清乾隆	2011-6-2	575,000	北京保利	78
4329	杨彭年制子冶、苻生刻石瓢壶 清嘉庆	2011-12-6	517,500	北京保利	128
3971	紫砂色泥堆绘山水人物纹笔筒 清乾隆	2010-6-4	504,000	北京保利	89
3253	陈鸣远款紫泥拼砂蚕食桑叶形盘 清	2011-5-21	483,000	中国嘉德	121
3219	王南林制紫泥泥绘山水人物文壶 清乾隆	2011-5-21	460,000	中国嘉德	76
3211	紫泥绿彩山水纹方壶 清嘉庆	2011-5-21	460,000	中国嘉德	138
4357	王东石制何心舟刻玉成窑仙瓢壶 清光绪	2011-12-6	437,000	北京保利	153
4359	何心舟、王东石刻仿汉镜铭文壶 清光绪	2011-12-6	402,500	北京保利	154
0540	清德堂款炉钧釉汉方壶 清初	2010-12-5	392,000	北京匡时	40
1769	杨彭年制紫泥子治石瓢壶 清嘉庆	2009-5-29	392,000	中国嘉德	129
3038	斑竹束竹壶 清初	2012-12-7	345,000	北京匡时	37
1767	杨季元泥绘山水花鸟图紫砂瓶 清乾隆	2009-5-29	336,000	中国嘉德	93
3202	陈荫千制紫泥竹节提梁壶 清乾隆	2011-5-21	322,000	中国嘉德	83
3063	晋砖吟馆款挂瓶 清末	2012-12-7	287,500	北京匡时	175

拍品号	拍品名称	拍卖时间	成交价（RMB）	拍卖机构	页码
2195	玉成窑癸未黄山寿书画方砖壶　清光绪	2010-11-21	280,000	中国嘉德	157
3234	俞国良制紫泥四方传炉壶　清光绪	2011-5-21	276,000	中国嘉德	150
3217	紫泥合菊壶　清雍正	2011-5-21	253,000	中国嘉德	50
3302	紫泥凤卷葵壶　清道光	2011-5-21	253,000	中国嘉德	145
4754	泥绘寿桃仙草对杯　清末	2011-12-6	207,000	北京保利	174
3142	朱泥狮钮壶　清康熙	2010-8-2	201,600	北京保利	44
3212	紫泥泥绘蝙蝠纹壶　清乾隆	2011-5-12	184,000	中国嘉德	75
3232	邵友兰制紫泥刻诗文壶　清道光	2011-5-21	184,000	中国嘉德	142
2209	贴花提梁壶　清初	2011-6-7	172,500	北京匡时	38
4712	邵旭茂款瓶盖莲子壶　清乾隆	2011-12-6	161,000	北京保利	73
3226	邵春元制紫泥大宫灯壶　清乾隆	2011-5-21	149,500	中国嘉德	72
0533	宜均天青釉水盘　清乾隆	2010-12-5	145,600	北京匡时	94
4308	莲子壶　清乾隆	2011-12-6	138,000	北京保利	71
2361	紫砂高身酒壶　清乾隆	2010-5-16	134,400	中国嘉德	85
0882	朱泥莲子壶　清乾隆	2011-11-12	126,500	北京诚轩	70
2227	蒋裕泰款竹坪刻直筒壶　清末	2011-6-7	115,000	北京匡时	171
3239	朱泥贴花五瓣莲花壶　清初	2011-5-21	112,700	中国嘉德	36
4335	万泉制少山刻太湖石提梁壶　清末	2011-12-6	92,000	北京保利	172
2186	史继长制紫泥加彩方壶　清乾隆	2010-11-21	84,000	中国嘉德	80
3056	朱泥菊瓣壶　清	2010-8-2	84,000	北京保利	113
3210	朱林全制紫泥炉钧釉圆壶　清乾隆	2011-5-21	80,500	中国嘉德	84
4310	朱元熙制汉方壶　清初	2011-12-6	74,750	北京保利	39
0597	紫砂仿铜釉双耳尊　清	2003-4-30	73,928	德国纳高	122
0196	彭年铭百果壶　清嘉庆	2011-6-2	69,000	北京保利	132
0206	邵景南款石瓢壶　清道光	2011-6-2	69,000	北京保利	144
3319	青灰砂净瓶　清末	2011-5-21	69,000	中国嘉德	173

拍品号	拍品名称	拍卖时间	成交价（RMB）	拍卖机构	页码
3055	留佩款朱泥梨形壶 清	2010-8-2	67,200	北京保利	112
0172	江案卿款供春壶 清末	2011-6-2	57,500	北京保利	170
0089	炉钧釉方壶 清道光	2010-5-18	44,800	北京中汉	147
0179	范庄农家款四纹竹节壶 清	2011-6-2	40,250	北京保利	114
0222	邵顺昌制松鼠提梁壶 清	2011-6-2	34,500	北京保利	117
2103	宜兴山水诗文茶壶 清光绪	2009-6-21	8,960	北京翰海	152
3118	紫砂水仙盆 清	2010-8-2	5,600	北京保利	124
20 世纪					
4608	顾景舟提壁组壶（共 11 件套）	2011-12-6	17,825,000	北京保利	216
2444	顾景舟、吴湖帆相明石瓢壶	2010-5-16	12,320,000	中国嘉德	204
2177	顾景舟云肩如意茶具（3 件套）	2011-6-7	10,235,000	北京匡时	212
2176	顾景舟诗文茶具（5 件套）	2011-6-7	9,430,000	北京匡时	214
5164	顾景舟、韩美林此乐提梁壶	2013-5-14	8,280,000	中国嘉德	210
0077	何道洪、刘一闻集思壶	2011-6-21	7,475,000	长风拍卖	309
0078	顾景舟汉铎壶	2011-6-21	6,555,000	长风拍卖	206
5138	顾景舟 扁腹壶	2012-10-30	5,980,000	中国嘉德	218
0649	顾景舟笑樱壶	2011-11-17	5,002,500	北京翰海	199
4612	顾景舟四方回纹竹壶	2011-12-6	4,600,000	北京保利	207
4611	顾景舟八方壶	2011-12-6	4,025,000	北京保利	208
3163	顾景舟藏六方壶	2012-12-7	3,450,000	北京匡时	220
3875	顾景舟僧帽壶	2010-6-4	3,136,000	北京保利	209
2175	汪寅仙斑竹提梁壶	2011-6-7	2,932,500	北京匡时	297
0275	顾景舟墨绿泥矮八方壶	2012-6-3	2,875,000	北京匡时	219
0558	顾景舟子冶石瓢壶	2010-12-5	2,800,000	北京匡时	203
0072	何道洪合桃壶	2011-6-21	2,530,000	长风拍卖	306
5066	高振宇金鬲对壶	2012-10-30	2,530,000	中国嘉德	385

拍品号	拍品名称	拍卖时间	成交价（RMB）	拍卖机构	页码
0068	汪寅仙蝉衣斑竹壶	2011-6-21	2,300,000	长风拍卖	289
0067	汪寅仙曲壶	2011-6-21	2,300,000	长风拍卖	294
4671+1	季益顺制、蒋君设计天宫团员壶	2011-12-6	2,300,000	北京保利	382
3872	顾景舟匏瓜壶	2010-6-4	2,240,000	北京保利	198
0059	吕俊杰、范曾怀谷壶	2011-6-21	2,208,000	长风拍卖	388
4610	顾景舟秦权壶	2011-12-6	2,185,000	北京保利	205
5032	高振宇神鬲壶（一对）	2013-5-14	1,725,000	中国嘉德	386
0112	裴石民三足传炉壶	2011-6-21	1,725,000	长风拍卖	186
2170	何道洪升珠提梁壶	2011-6-7	1,725,000	北京匡时	312
2171	何道洪松风组合茶具	2011-6-7	1,725,000	北京匡时	314
0029	陈国良大竹节壶	2011-6-21	1,725,000	长风拍卖	356
0028	陈国良梅椿壶	2011-6-21	1,725,000	长风拍卖	358
1548	汪寅仙曲壶	2010-11-14	1,680,000	北京荣宝	293
4540	何道洪、范曾寓圆壶	2011-12-6	1,667,500	北京保利	304
0066	汪寅仙茶具（9 件套）	2011-6-21	1,610,000	长风拍卖	298
0073	何道洪小松壶	2011-6-21	1,610,000	长风拍卖	310
3935	顾景舟神灯壶	2010-6-4	1,568,000	北京保利	202
3161	顾景舟木瓜壶	2012-12-7	1,495,000	北京匡时	221
0076	何道洪大韵壶	2011-6-21	1,495,000	长风拍卖	300
4537	汪寅仙、范曾滔瓜提梁壶	2011-12-6	1,495,000	北京保利	296
2165	顾绍培高风亮节壶	2011-6-7	1,437,500	北京匡时	326
2335	蒋蓉、范曾莲藕倒流壶	2009-11-23	1,344,000	北京保利	231
2174	汪寅仙夔龙青铜纹四足壶	2011-6-7	1,322,500	北京匡时	285
5041	何道洪聚丰壶	2013-5-14	1,265,000	中国嘉德	302
0565	周桂珍大曼生提梁壶	2010-12-5	1,232,000	北京匡时	280
3874	顾景舟牛盖洋桶壶	2010-6-4	1,176,000	北京保利	211

拍品号	拍品名称	拍卖时间	成交价（RMB）	拍卖机构	页码
0079	顾景舟洋桶壶	2011-6-21	1,150,000	长风拍卖	210
0033	蒋蓉莲藕倒流壶	2011-6-21	1,150,000	长风拍卖	232
0069	汪寅仙、谭泉海双竹提梁壶	2011-6-21	1,092,500	长风拍卖	295
0075	何道洪碧液壶	2011-6-21	1,058,000	长风拍卖	303
4550	汪寅仙丰衣足食壶	2011-12-6	977,500	北京保利	282
0064	吕尧臣、唐云、许四海沪上三友壶	2011-6-21	920,000	长风拍卖	261
3876	蒋蓉石榴树蛙壶	2010-6-4	896,000	北京保利	230
0342	何道洪梅竹双清提梁壶	2009-11-23	896,000	北京保利	313
0049	徐汉棠、韩天衡刻划秦权壶	2011-6-21	862,500	长风拍卖	241
5078	何道洪四季如意壶	2012-10-30	862,500	中国嘉德	301
0563	周桂珍成音大彬壶	2010-12-5	862,400	北京匡时	273
3002	蒋蓉牡丹壶	2010-8-2	806,400	北京保利	226
0074	何道洪米匝壶	2011-6-21	805,000	长风拍卖	308
0560	蒋蓉蛤蟆捕虫水盂	2010-12-5	761,600	北京匡时	236
2228	徐秀棠十一面观音	2013-6-4	747,500	北京匡时	250
0058	吕俊杰天下粮仓茶具（5 件套）	2011-6-21	747,500	长风拍卖	389
3152	吕尧臣井中蛙茶具	2012-12-7	690,000	北京匡时	268
0057	周桂珍韵竹提梁	2011-6-21	690,000	长风拍卖	278
0032	江建翔高节壶（3 件套）	2011-6-21	690,000	长风拍卖	364
3929	朱可心玉笠壶（3 件套）	2010-6-4	672,000	北京保利	197
2173	汪寅仙绿泥夔龙供春壶	2011-6-7	667,000	北京匡时	288
0070	何道洪报春壶	2011-6-21	632,500	长风拍卖	305
3072	裴石民硕瓜壶	2012-12-7	575,000	北京匡时	189
2150	吕尧臣绞泥华轻壶	2011-6-7	575,000	北京匡时	269
2124	季益顺秋鼠壶	2011-6-7	575,000	北京匡时	378
3111	张正中树桩壶	2012-12-7	575,000	北京匡时	391

拍品号	拍品名称	拍卖时间	成交价（RMB）	拍卖机构	页码
0557	汪寅仙铁梅壶	2010-12-5	571,200	北京匡时	290
2160	周桂珍、冯其庸、徐秀棠回纹双圈壶	2011-6-7	552,000	北京匡时	275
2125	季益顺楚汉风韵壶	2011-6-7	552,000	北京匡时	379
2152	徐汉棠四方壶	2011-6-7	517,500	北京匡时	243
0063	吕尧臣回娘家壶	2011-6-21	517,500	长风拍卖	265
0080	朱可心肖樱壶	2011-6-21	483,000	长风拍卖	194
2155	施小马龙头一捆竹壶	2011-6-7	483,000	北京匡时	342
2147	吴鸣荷塘听雨壶	2011-6-7	483,000	北京匡时	368
226	季益顺松鼠葡萄壶	2012-6-3	483,000	北京匡时	383
3866	堵江华东坡提梁壶	2010-6-4	470,400	北京保利	387
0009	顾绍培六方雪华壶	2011-6-21	448,500	长风拍卖	325
2215	裴石民荷花蜜蜂壶	2011-6-7	437,000	北京匡时	187
0268	周桂珍单圈环龙三足壶	2012-6-3	437,000	北京匡时	271
0269	周桂珍梅花提梁壶	2012-6-3	437,000	北京匡时	277
0062	吕尧臣贵妃出浴壶	2011-6-21	414,000	长风拍卖	266
0061	吕尧臣秦权壶	2011-6-21	402,500	长风拍卖	267
0030	江建翔、唐云、徐孝穆鱼乐壶	2011-6-21	402,500	长风拍卖	360
2138	江建翔凛媚壶	2011-6-7	402,500	北京匡时	362
2318	蒋蓉牡丹壶	2009-11-23	392,000	北京保利	224
0571	徐汉棠菱花提梁壶	2010-12-5	392,000	北京匡时	245
0554	吕尧臣熊猫壶	2010-12-5	392,000	北京匡时	262
2320	吕尧臣素心壶	2009-11-23	392,000	北京保利	263
3852	顾绍培虎卧凤阁壶	2010-6-4	392,000	北京保利	324
2146	吴鸣竹林寻闲壶	2011-6-7	368,000	北京匡时	369
2981	吕尧臣草原之夜壶	2010-8-2	358,400	北京保利	264
2982	汪寅仙西瓜壶	2010-8-2	358,400	北京保利	283

拍品号	拍品名称	拍卖时间	成交价（RMB）	拍卖机构	页码
1669	朱可心桃报春壶	2008-4-27	347,200	中国嘉德	195
3129	施小马菱花套壶	2012-12-7	345,000	北京匡时	341
0225	季益顺汉风提梁	2012-6-3	345,000	北京匡时	373
1673	汪寅仙曲壶	2008-4-27	336,000	中国嘉德	292
3893	顾绍培对弈提梁壶	2010-6-4	336,000	北京保利	328
1671	裴石民三色南瓜壶	2008-4-27	313,600	中国嘉德	188
3878	蒋蓉荷叶壶	2010-6-4	302,400	北京保利	222
0037	施小马提梁壶	2011-6-21	299,000	长风拍卖	347
0025	陈国良一帆风顺壶	2011-6-21	299,000	长风拍卖	355
0513	王寅春碗灯壶	2010-12-5	291,200	北京匡时	193
0550	陈国良巧塑圣桃壶	2010-12-5	291,200	北京匡时	351
2163	顾绍培怀宝壶	2011-6-7	287,500	北京匡时	327
5114	施小马红与黑紫砂套壶（5 件套）	2012-10-30	287,500	中国嘉德	349
0024	陈国良火鸟壶	2011-6-21	287,500	长风拍卖	354
2309	朱可心双线竹鼓壶	2009-11-23	280,000	北京保利	196
1666	蒋蓉百果壶	2008-4-27	280,000	中国嘉德	227
2312	汪寅仙九龙柏壶	2009-11-23	280,000	北京保利	291
3001	顾绍培大福君壶	2010-8-2	268,800	北京保利	321
2166	顾绍培紫泥树桩盆	2011-6-7	253,000	北京匡时	329
2132	潘持平鸾圣对壶（一对）	2011-6-7	253,000	北京匡时	332
0001	鲍志强玉璧对壶（一对）	2011-6-21	253,000	长风拍卖	340
0038	施小马黑三角壶	2011-6-21	253,000	长风拍卖	344
0249	施小马玉律壶	2012-6-3	253,000	北京匡时	348
0045	吴鸣往事茶具（9 件套）	2011-6-21	253,000	长风拍卖	370
3890	周桂珍、冯其庸汉鼓圈盖壶	2010-6-4	246,400	北京保利	274
0050	徐秀棠饮八仙	2011-6-21	230,000	长风拍卖	252

拍品号	拍品名称	拍卖时间	成交价（RMB）	拍卖机构	页码
0007	葛陶中塔竹壶	2011-6-21	230,000	长风拍卖	365
3877	蒋蓉万寿桩壶	2010-6-4	224,000	北京保利	228
3851	汪寅仙夔龙供春壶	2010-6-4	224,000	北京保利	286
3847	江建翔丰硕提梁壶	2010-6-4	224,000	北京保利	363
0053	徐秀棠济公像	2011-6-21	218,500	长风拍卖	254
0023	潘持平、鲍志强砖方壶	2011-6-21	218,500	长风拍卖	333
5056	陈国良戊寅虎壶	2012-10-30	218,500	中国嘉德	352
0011	季益顺雪中情壶	2011-6-21	218,500	长风拍卖	374
0021	潘持平黑虎壶	2011-6-21	207,000	长风拍卖	330
3894	顾绍培福茗壶	2010-6-4	201,600	北京保利	319
0646	徐汉棠均玉壶	2011-11-17	195,500	北京翰海	242
0027	陈国良一粒珠壶	2011-6-21	195,500	长风拍卖	350
2957	陈国良灵芝壶	2010-8-2	190,400	北京保利	353
3035	江建翔圣桃壶	2010-8-2	179,200	北京保利	361
0054	周桂珍绿砂碗灯壶	2011-6-21	172,500	长风拍卖	276
0010	季益顺玉兔提梁壶	2011-6-21	172,500	长风拍卖	380
5131	徐秀棠皮包壶	2012-10-30	161,000	中国嘉德	247
3041	吴云根东坡提梁壶	2010-8-2	156,800	北京保利	192
1672	汪寅仙墨绿扁南瓜壶	2008-4-27	156,800	中国嘉德	284
0547	施小马提梁壶	2010-12-5	156,800	北京匡时	346
3835	许艳春意竹茶具（5件套）	2010-6-4	156,800	北京保利	386
5132	徐秀棠神鸟壶	2012-10-30	149,500	中国嘉德	248
3125	徐秀棠 刘海戏金蟾	2012-12-7	149,500	北京匡时	253
0008	顾绍培壁泉壶	2011-6-21	149,500	长风拍卖	322
3889	周桂珍三线提梁壶	2010-6-4	145,600	北京保利	279
2285	鲍志强福寿对壶（一对）	2009-11-23	145,600	北京保利	338

拍品号	拍品名称	拍卖时间	成交价（RMB）	拍卖机构	页码
3126	徐秀棠弥勒佛	2012-12-7	143,750	北京匡时	250
0039	谭泉海江南春壶	2011-6-21	138,000	长风拍卖	259
1667	徐汉棠四方开片冰纹壶	2008-4-27	134,400	中国嘉德	244
3837	季益顺丰衣足食壶	2010-6-4	134,400	北京保利	376
2319	蒋蓉笔筒（3 件）	2009-11-23	112,000	北京保利	233
2321	徐汉棠匏尊壶	2009-11-23	112,000	北京保利	240
1679	徐秀棠观音像	2008-4-27	112,000	中国嘉德	251
0002	鲍仲梅金蟾戏水器（2 件套）	2011-6-21	109,250	长风拍卖	315
2331	李昌鸿四方绞泥壶	2009-11-23	106,400	北京保利	256
2329	顾绍培华颖壶	2009-11-23	106,400	北京保利	320
2979	周桂珍醒狮壶	2010-8-2	100,800	北京保利	272
2306	裴石民十果件	2009-11-23	89,600	北京保利	190
0502	潘持平紫泥方钟壶	2010-12-5	89,600	北京匡时	334
0685	徐徐花蕾壶	2011-11-17	86,250	北京翰海	384
0016	刘建平火牛图壶	2011-6-21	80,500	长风拍卖	372
0688	吴界明三足柱础壶	2011-11-17	80,500	北京翰海	390
2987	徐秀棠天灵壶	2010-8-2	61,600	北京保利	249
2954	施小马扬帆壶	2010-8-2	61,600	北京保利	343
3827	蒋蓉乌龟水滴	2010-6-4	58,240	北京保利	235
2986	徐汉棠仿古壶	2010-8-2	56,000	北京保利	239
2985	徐汉棠掇只壶	2010-8-2	56,000	北京保利	238
2993	鲍志强莲子壶	2010-8-2	56,000	北京保利	337
3828	蒋蓉随身砚	2010-6-4	20,160	北京保利	234

注：本索引拍品年代为拍卖行最终成交时所公布的拍品断代，特此说明。

全书收录拍品紫砂器成交价排名前 10 位

名次	拍品号	拍品名称	拍卖时间	成交价（RMB）	拍卖机构	页 码
TOP 1 	4608	顾景舟提璧组壶（共 11 件套）	2011-12-6	17,825,000	北京保利	216
TOP 2 	2988	时大彬制圈钮壶 明	2010-12-14	13,440,000	西泠拍卖	22
TOP 3 	2444	顾景舟、吴湖帆相明石瓢壶	2010-5-16	12,320,000	中国嘉德	204
TOP 4 	2177	顾景舟云肩如意茶具（3 件套）	2011-6-7	10,235,000	北京匡时	212
TOP 5 	2176	顾景舟诗文茶具（5 件套）	2011-6-7	9,430,000	北京匡时	214
TOP 6 	3213	紫泥御题诗金银彩山水纹方壶 清乾隆	2011-5-21	8,625,000	中国嘉德	79
TOP 7 	5164	顾景舟、韩美林此乐提梁壶	2013-05-14	8,280,000	中国嘉德	210
TOP 8 	77	何道洪、刘一闻集思壶	2011-6-21	7,475,000	长风拍卖	309
TOP 9 	3258	大彬款绞胎施釉弥勒佛 明	2011-5-21	6,900,000	中国嘉德	25
TOP 10 	0115	蒋觐侯朱泥六方壶 明	2011-6-21	6,670,000	长风拍卖	24

图书在版编目（CIP）数据
紫砂器拍卖投资大指南 / 陈润民主编.
—北京：故宫出版社，2012.1
ISBN 978-7-5134-0241-5
Ⅰ.①紫… Ⅱ.①陈… Ⅲ.①紫砂陶－投资－中国－指南
②紫砂陶－拍卖－中国－指南
Ⅳ.①F724.59-62 ②K876.3-62
中国版本图书馆CIP数据核字（2012）第001458号

丛书主编／黄利　监制／万夏
项目创意／设计制作／紫圖圖書 ZITO®
纠错热线／010-64360026-103

珍品·鉴拍
紫砂器拍卖投资大指南

顾　　问：叶佩兰
主　　编：陈润民
执行主编：赵友厚
责任编辑：万　钧
特约编辑：张耀强
出版发行：故宫出版社
地址：北京东城区景山前街4号　邮编：100009
电话：010-85007808　010-85007816
传真：010-65129479
印　　刷：北京瑞禾彩色印刷有限公司
开　　本：787毫米×1092毫米　1/16
印　　张：30
印　　次：2013年9月第2版
2013年9月第1次印刷
书　　号：ISBN 978-7-5134-0241-5
定　　价：199.00元

中国第一奢侈品图书品牌“名牌志”系列

◎ 提供全球最经典、最奢华、最值得购买珍藏的名品市场价格和全球购买方法指导

定价：99元

定价：199元

定价：128元

定价：99元

定价：99元

定价：99元

定价：99元

定价：99元

定价：159元

定价：99元

定价：99元

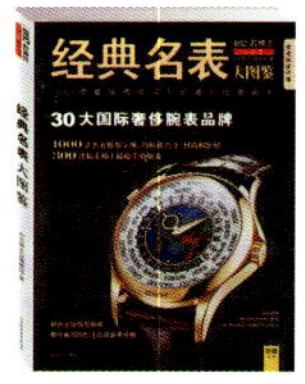

定价：98元

定价：198元

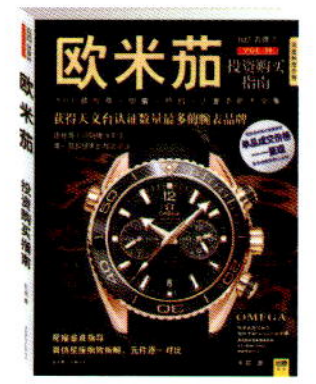

定价：199元

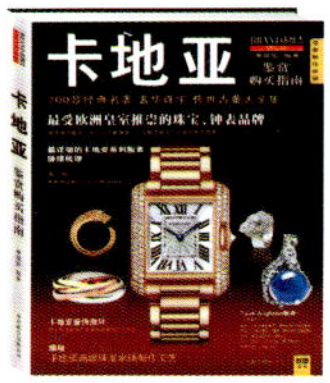

定价：99元

定价：199元

定价：99元

定价：99元

定价：199元

定价：99元

定价：99元

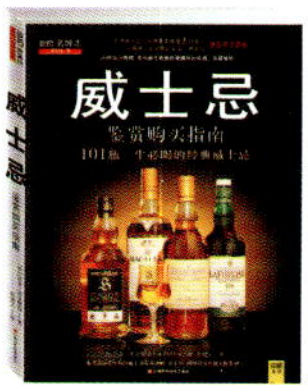

定价：99元

定价：68元

定价：599元

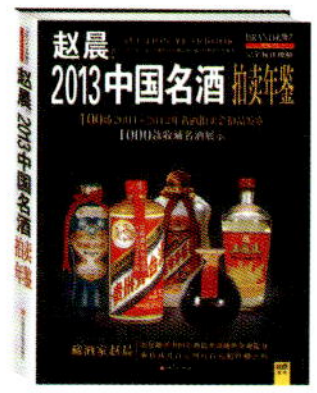

定价：199元

定价：199元

定价：128元

定价：99元

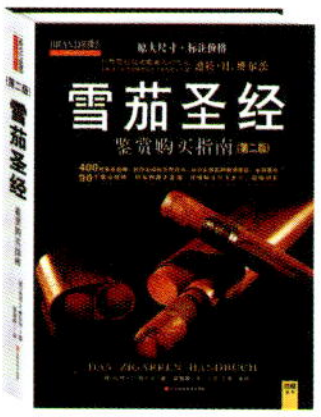

定价：399元

定价：128元